本书获2021年教育部首批新文科研究与改革实践项目"以基层社会治理为导向，服务民族地区的'数字社会学'人才培养创新与实践"（项目编号：2021100080）资助

新文科背景下
地方数字社会学人才培养研究

张红　周钟磊　著

WUHAN UNIVERSITY PRESS
武汉大学出版社

图书在版编目(CIP)数据

新文科背景下地方数字社会学人才培养研究/张红,周钟磊著.—武汉:武汉大学出版社,2024.7
ISBN 978-7-307-24396-5

Ⅰ.新…　Ⅱ.①张…　②周…　Ⅲ.社会学—人才培养—研究—高等学校　Ⅳ.C91

中国国家版本馆 CIP 数据核字(2024)第 100682 号

责任编辑:聂勇军　　　责任校对:汪欣怡　　　版式设计:马　佳

出版发行:**武汉大学出版社**　　(430072　武昌　珞珈山)
(电子邮箱:cbs22@whu.edu.cn　网址:www.wdp.com.cn)
印刷:武汉中科兴业印务有限公司
开本:720×1000　1/16　印张:12.5　字数:185 千字　插页:2
版次:2024 年 7 月第 1 版　　2024 年 7 月第 1 次印刷
ISBN 978-7-307-24396-5　　定价:58.00 元

前　言

近年来，"新文科"这一概念引起全社会的广泛关注。2018 年中央文件第一次提出"新文科建设"，2019 年在"六卓越一拔尖"计划 2.0 启动大会上新文科建设工作组正式成立，我国新文科建设拉开序幕。2020 年召开全国新文科建设工作会议，标志着新文科建设全面启动。"新文科"这一概念最早由美国希拉姆学院提出，是把新技术融入哲学、文学、语言等类课程中，是对传统文科进行学科重组、文理交叉，为学生提供综合性的跨学科学习。具体对我国的新文科建设而言，实质上就是要推动哲学社会科学与新科技革命交叉融合，培养新时代的哲学社会学家，创造出与新世界、新时代相契合的中华文化。因此，提升我国高等院校教育水平，打造一套科学的人才培养模式，全面提高人才培养能力，既是新文科建设的目标，也是我国高等学校的使命。

伴随着新兴信息技术向各个领域广泛渗透，人类社会已经从二元空间（物理空间—人类社会）进入三元空间（物理空间—信息空间—人类社会）。在数字社会背景下，数字技术在生产和生活过程中发挥了基础性作用，计算科学、数据科学和社会科学等学科相互交叉，掀起了计算社会科学的热潮，整个社会都在经历着数字化转型。数字社会构建在数字、网络和智能技术之上，形成了一个高度关联、计算精准、智能互联的社会生态。为此深化数字社会战略在新时代中国特色社会主义物质文明领域的实践，具有既科学又符合时代潮流的深刻含义。实施数字社会战略不仅成为中国在经济领域探索数字经济发展的新起点，而且对促进信息化、数字化、智能化和网络化发展起到直接推动作用。同时，这一战略也为数字经济发展注入新活力，提供了强有力的支持。但是就现实情况来看，该领域对人才的专业水平要求较高，而人才队伍的规模和增长速度却跟不上发展的需求。特别是在西部地区，由于受历史、地理及经济等因素影响，许多人才流向了东部发达地区，导致该地区人才储备不足，存在明显的人才缺口，尤其是数字社会学人才更为缺乏。因此，为解决地方(限于研究地域，本书"地方"一般特指西部地区)数字社会学人才的不足，为该地区经济社会发展、基层社会治理等方面提供人才服务，本书主要围绕新文科建设热潮，以"新文科背景下地方数字社会学人才培养"为研究核心，采用文献研究法、历史研究法、案例研究法，对新文科背景下数字社会学人才培养的相关概念、相关理论、相关要求进行梳理，归纳总结出对数字社会学人才培养的新要求，并基于此分析新文科背景下地方数字社会学人才培养现状，总结提炼出数字社会学人才短缺、师资力量匮乏、培养方案不适应本地发展、实践环节学时不足等方面的主要问题。针对主要问题，提出了社会、高校两个层面应注重培养数字社会学人才丰富的跨学科知识储备、敏锐的思考能力、优化的社会实践应用能力等有针对性和操作性的人才培养建议，为数字社会学人才培养提供方向。通过制定明确的培养目标和内容，采用多种培养方式，培养出具有数字技术能力和社会科学研究方法的综合性人才，为社会科学领域的数字化转型和创新发展提供有力支持。

全书分为四篇。

第一篇是背景篇。本篇共有两章，主要介绍新文科发展及数字社会建设发展、数字社会学兴起的背景。第一章从新文科的时代背景、内涵等入手，分析了新文科的目标取向、生成机理及地方高校的新文科建设目标。第二章分析了数字社会建设的概念、时代背景及发展趋势、面临的挑战和建议。

第二篇是理论篇。本篇共有两章，主要介绍数字社会学的兴起、发展及数字社会学专业学生学习成果评估。第三章从社会学的角度分析了数字社会学的发展、数字学术能力评价指标内涵及权重。第四章从新文科背景下学生学习成果评估的转变分析了数字社会学专业学生学习成果的改进和优化。

第三篇是研究篇。本篇共有四章，主要介绍我国数字社会工作队伍建设、社会学专业人才培养现状以及地方社会学人才需求现状及面临的问题、建议。第五章分析了数字社会工作人才队伍建设情况。第六章分析了我国社会类专业人才培养的现状。第七章对地方数字社会学人才需求现状、面临的困境及原因进行了分析。第八章对数字社会学人才培养提出建议，主要从社会和高校两个层面提出建议。

第四篇是案例篇。本篇共有两节，主要介绍英国爱丁堡大学数字社会学专业开设的情况及贵州民族大学数字社会学人才培养改革与实践案例，包括改革目的、改革思路及具体措施等。

希望通过本书的出版，能够为广大社会工作者、高校教师和学生提供有益的参考和指导，为地方基层社会治理复合型创新人才的培养提供参考。

为了确保研究内容的丰富性和多样性，作者在创作过程中参考了大量理论与研究文献，在此向相关的专家学者们表示衷心的感谢。

最后，限于作者水平，加之时间仓促，本书难免存有疏漏之处，恳请同行专家和读者朋友批评指正！

编者

2024 年 1 月

目　录

背　景　篇

理　论　篇

研　究　篇

案 例 篇

背景篇

第一章 新文科的时代背景、内涵及人才需求

第一节 新文科的时代背景、内涵

一、新文科的时代背景

当今社会正处于多元化的学科融合以及跨学科研究的时代，此举不仅推动了知识的创新，也提供了更多的机会让研究者去探索未知的领域，让我们有机会接触到更多的新思想和新观点。此外，这种跨学科的研究方式也为我们提供了一个全新的视角，让我们能够从多个角度去审视问题，从而更好地解决问题。因此，我们应该积极拥抱多元化的学科融合时代，并努力寻求新的突破和创新。

（一）新时代的大挑战需要新的学科视角来应对

新时代，全球互动日益深化，建立一个以人类福祉为核心的共同体并实现互利共赢已成为不可逆转的趋势。这个共同体的核心价值观是"共同进步与开放接纳"，"协同共赢以及交流借鉴"成为其中的关键因素，直接决定着核心价值观的发展走向。

在此背景下，高等教育的角色正在经历一场历史性巨变，其教育职能也发生了深刻的改变，对教育学科提出了新要求。

大学是由不同学科组成的，学科的形成与发展是人类实践的产物，是

人类在对经济、政治、社会生活的规律总结、反思、凝练的基础上逐步积累而成的。各个学科都有自身的知识特性与话语体系，但各个学科并不是孤立的，而是融合发展的。学科发展作为社会发展的重要组成部分，参与、推动了社会的变迁。历史地看，每一个新学科的诞生，往往就意味着一个新时代的产生，体现出人们对客观世界认识的深化过程。

新时代背景下，人文交流的需求日益凸显，它迫切需要一个全新的人文科学领域来满足这一需求。早期的文化交流主要依赖于实体的物品交换和人际互动，并未充分关注人文精神的培育，然而随着时间的推移及时代的发展，这种交融逐渐转向了对人文精神的重视，这对人文科学的发展提出了更高的要求。因此，我们呼吁一种新的人文科学出现，以满足外部环境的变化及社会对人文精神的高度重视。为了回应这一需求，我国适时推动了新文科建设，以此作为对人文交流的一种回应方式。

(二) 新时代需要在人文学科领域培养出卓越的专业人才

（1）随着人文科学的不断发展，高等教育的主要目标是满足人们对高质量教育的迫切需求。这种高质量的教育不仅能满足人们对优质教育的需求，还能满足他们对多元化教育的需求，特别是在文科领域，传统的文科教育体系已经在过去的一百多年里经历了漫长的演变过程，受到了其所处时代的深刻影响。现阶段，我们所需的是将责任感、创新性和实践能力完美融合的复合型人才，然而，传统的文科教育模式很难满足这一需求，因此，我们需要寻找一种新的方式来培养文科的专业人才。当前，政府正致力于借助新文科人才培养模式来塑造出色的专业人才。

（2）在"六卓越一拔尖"计划2.0的人才培养方案中，我们看到国家对人文科学领域的人才培育提出了新的要求。传统的文科教育模式主要关注如何将零碎的知识整合成独立的学科，并努力使这些学科能够跻身于国家级学科目录，甚至成为主导学科。然而，这种方式导致了学科划分过细，学科内容的范围不断缩小，与人才培养存在脱节，使得人才培养的标准无法满足国家的期望。为了改变这一现状，国家开始倡导一种新的文科教育理念——新文科。新文科作为"六卓越一拔尖"计划 2.0 的一部分，其目标是培养出卓越的人才，以满足新时代的人才培养需求。

（3）高等教育的普及化进程催生了新文科。统计数据显示，2019 年，我国高等教育毛入学率已达 48.1%，标志着我国已经从大众化教育阶段迈入了普及化教育阶段。在这个过程中，高等教育开始从注重规模转向关注品质，从全面规划转变为有针对性的发展。这意味着，我们的教育体系不再仅仅致力于培养少数精英，而是为了塑造一个更加多元化、面向未来的社会。随着高等教育的普及化，我们必须摒弃过去以数量增长为主导的文科建设方略，转向注重内涵的发展模式，重新关注人才的培育。同时，我们也期望通过创新的文科教学来推动高校的发展，从而提高高校人才培养的素质，提升教育质量。

（三）人文学科的转型构成了新文科的基础

新文科的形成受到了人文知识发展的深远影响。我们可以将知识划分为三个主要类别：人文知识、社会知识和自然知识。这三种类型的知识分别对应着新文科的不同方面，即人文科学、社会科学以及自然科学。因此，新文科的出现并非偶然，而是人文知识不断演进的结果。对于人文知识体系而言，其建设目标就是促进人文知识的进步以及增强人文知识的生产力。因此，我们可以得出结论，人文知识的发展是推动这一进程的关键因素。为了引领人文科学进入新的领域，我们必须深入探讨其知识体系转变的原因以及转变的方式。后现代主义理论和知识生产的模式都可以为这一问题提供有力的解释。

后现代主义的社会文化思潮催生了新的文科领域。首先，后现代主义的内涵包括"心理状态、社会潮流以及生活方式"等元素。在本书中，我们将后现代主义视为一种社会文化思潮，特别强调知识领域的变革。后现代主义的人文知识超越了科学和真理的标准，不再执着于验证和证伪，而是在追求真善美的过程中谋求发展。这种人文知识的内在整合和有序组合，展现出强大的传递性和累积性，人文知识已经不再是少数精英阶层或特定团体的专属，而是逐渐普及大众。同时，知识的话语也在不断丰富。其次，在后现代主义的影响下，我们看到了传统的人文学科逐渐演变为新兴的新人文学科。这种转变是由于后现代思想潮流对人文知识的冲击，使得人文知识本身发生了根本性的改变，并要求相关的人文学科也必须做出相应的调整。新的文科开始重新审视人类自身的变化，以及如何通过自我实现和自我奉献来适应这种变化。这意味着文科将不再受限于单一学科的框架，而是致力于构建知识与学科之间的和谐共生关系。在后现代主义的背景下，人文知识的基础发生了深刻的变革，作为其顶层的新人文学科自然需要紧随人文知识的发展步伐。这是从后现代主义的角度来看待新人文学科是如何源自人文知识的创新与发展的。

总的来说，我们观察到人文学科领域已经历了一场重大的变革，这不仅体现在后现代主义思想的影响下，还反映在知识生产的全新模式上。这些变化迫使人文学科必须调整自身以适应这一趋势，同时也催生了对新型人文学科的需求。在这个背景下，我国正积极推动并倡导新文科的发展，这是非常有必要的。

二、"新文科"的概念形成、属性生成与目标取向

（一）"新文科"概念

"新文科"这一概念的形成，是受历史环境和人文知识双重影响的结果，其包含了多个层面的内涵，其核心在于它作为一种学科所具有的新特征。"新"和"文"这两个词用于描述"科"，而"科"则代表着学科的基本性质，"文"体现了学科的人性特征，"新"则代表了该学科所追求的价值观。此外，"新文科"也可以被视为一个研究人类的学科，其目标是探索人类及其价值的奥秘。"新文科"也是人文知识的一个分类系统，它是对人文知识的分解、整合以及融合的一种创新成果。新的文科领域，作为一种社会现象，其产生源于时代的变迁。它所处的环境是一个特定历史时期，在这个时期，人文科学与当代社会的互动产生了新的思想火花。从另一个角度

来看，新文科可以被视为一个多元化的学科集合。这并不是说新文科仅仅局限于某个单一的学科领域，而是一种涵盖了所有具有文科性质的学科的总称。

"新文科"这一概念呈现出多元化的面貌。对于学科的定义，我们通常将其视为一种知识分类的方式。另一种方式是从学科的形态出发去理解它，比如，我们可以把学科看做"知识与组织的双形态"，也可以视之为"知识、组织与活动的三形态"。尽管学科的形式各异，但它们都无法脱离知识分类的框架。这种现象的出现，主要归因于知识的不断演进，从而催生了众多新的学科形式。根据学者们的研究成果，我们可以将学科理解为教育形态和学术形态。教育形态是指知识通过教育和教学活动得到传播和扩展，学术形态则是知识通过科学研究活动得到深化和创新。新的文科领域不仅承袭了传统学科的基础架构，还展现出独特的价值观，因此，新文科可以被划分为三个主要类别：首先，其教育的角色在于塑造杰出的文科人才，并进一步强化人文精神；其次，学术的职责在于推动人文知识的发展，以及提高人文知识的创造力；最后，价值的使命则是通过教育和学术手段来引领人们的思维方式，从而培育出深层次的人文情怀。

本书试图对"新文科"这一概念进行阐释。它被界定为一种结合了人文知识和当代社会环境的新型学科，这种新的学科形式是由文科领域的交融和创新产生的。简单来说，新文科可以看做一个总括性的术语，用于描述那些由人文知识与现代社会元素共同塑造的新型文科领域。

(二) 新文科的属性生成

"新文科"这一术语指的是将人文学科与当代社会环境融合而成的新型人文学科群。为了深入理解其特性，我们必须综合考虑诸如人文知识、文科领域以及时代背景等多种要素。

1. 人文学科的核心在于人类本身，强调的是人类与文化的并存

第一，传统的文科教育模式存在一个显著的问题，即无法全面地理解人类。尽管文科的主要任务是研究人类及其价值观，并以此为终极目标，

然而，人类认知能力的局限性和各学科之间的微妙差异，使得我们不得不将人文知识区分为人文科学、社会科学和自然科学知识。这种分割方式确实有助于我们理解人类及其价值观，但它却无法揭示"人类是各种社会关系交织的综合体"这一重要事实。例如，艺术学和历史学这两门学科分别从各自的角度来理解人类，前者关注人类对于美好事物的渴望，后者则关注人类的历史。不幸的是，各个子领域都在寻求将分散的研究成果转化为独立的专业成果，并获得国家学科专业目录的承认，这被称为"从研究领域到学科建制的转变"。在这个过程中，人类在各个子领域的地位逐渐被削弱，其主导地位变得模糊，当学科被细化时，学科的内在联系被人为地切断，学科间的隔阂日益明显。这种分离的文科发展模式，使得人们难以形成全面的认知。

第二，人类是新文科研究的核心。其一，随着时间的推移，人类的作用变得越来越关键，无论是建立全球社区，还是推动新时代的发展，都离不开人类的参与。新文科在形成的过程中，就已经包含了对人类的认知。此外，新文科是一个学科群，它的目标是打破文科各个领域之间的隔阂，从宏观的角度来理解人类。因此，我们可以得出这样的结论："新文科最显著的特点就是以人为研究的核心。"其二，新文科致力于探索人类的价值以及寻找实现这些价值的方式。"人类的价值是世界上最高贵的价值"，这意味着人类的价值既包括集体价值，也包括个人价值。前者强调人类为社会做出贡献，后者则关注个人的自我实现。新文科的科研活动正是探讨人的价值，回应"人在新时代下发生哪些变化"，又探究人如何推动社会高质量发展。其三，新文科关注人的精神。随着社会经济的快速发展，传统学科过分追求学科建制化，忽视人的精神，人们过分追求物质，精神世界逐渐空虚化，人的精神变得可有可无。因此，新文科通过科研来探究如何充实人的精神世界，重拾人文精神。

第三，新的文科理念强调了对人文主义的融合。传统的文科教育往往侧重于文化教育，而忽略了人类的重要性，这种趋势反映在"大学教育过度重视技术进步，而忽视了提高个人道德素质，以及过于专注科技发展和专业人才的培养"的观念上。实际上，传统的文科教育也存在这个问题，尽管它原本是为了研究人类而设立的，但却忽视了人类本身，反而倾向于采用科学的标准来评估人和文科的关系。在新文科的视角下，"人"被视为研究的核心，其目的是解答关于人类本质的问题。同时，"文"也被看做一种媒介，用于探索如何理解人类。只有当这两者相互结合时，我们才能真正理解并实践完整的新的文科理念。

2. 强调多元化的学科融合是新文科的核心特征

新文科的显著特征就是其跨学科性质，这种跨学科性不仅体现在文科领域内部，也表现为新文科与其他学科的交融上。跨学科的目标在于逐步消除学科间的界限，实现知识的有机整合，从而催生出全新的学科和新的学科内容。跨学科现象既可以在一个学科内部出现，也可以在两个学科之间发生，甚至可以在多个学科群体间发生。这一过程被称为学科互动，它又可细分为外部学科互动和内部学科互动。前者源自社会现实问题，后者则源于知识的创造。因此，新文科同时具备了这两种类型的学科互动。

第一，新的文科领域展现出跨学科的特性，这体现在各个文科子领域的交织与整合上。人类认知能力的局限性导致我们根据人文知识中的微小差别来划分不同的知识领域并创建各自的子学科。这种知识分类方式既有助于我们理解人文科学，同时也可能导致学科间的隔阂。每个学科都在其独特的语言环境中自我封闭，无法充分利用其他学科的优点，从而限制了学科的发展潜力，使得这些学科逐渐变得缺乏活力。因此，打破学科间的隔阂，促进各个子学科之间的交流和合作，是推动跨学科研究的关键。然而，尽管它们都属于人文知识，但各个子学科仍然有其独特性和微妙的差异。新文科的出现并不意味着要消除各学科的独特性，而是基于这些独特性，将其他领域的知识和学科的优势融入其中，以此提高学科发展的质量。

第二，新文科的一个显著特征在于其跨学科性质，这主要体现在人文学科与自然学科以及社会学科之间的交互影响上。这些领域的核心仍然是知识，它们共享一个"共同的知识图式"，这使得文科能够与其他学科实现交叉融合。此外，随着知识生产模式的转变，知识与学科边界变得越来越模糊。新文科的核心任务之一就是促进文科与其他学科的交叉融合，这种融合可以使各个学科形成一个完整的体系，减少学科间的隔阂，并增强它们的统一性。然而，在推动交叉融合的过程中，如何保持文科的独特性至关重要。如果新文科在融合过程中失去了独特的文科特性，那么人们将无法明确且稳定地将其作为研究对象，此时的新文科将不再具有新文科的特质，而可能会被赋予新的名称。这个问题涉及如何处理并协调人文学科和其他学科之间的联系。同时，我们也看到，其他学科为人文学科树立了新的标杆，推动其突破学科间的界限。

第三，我们需要明确的是，新文科的独特之处在于其跨学科的特质，这体现在文科与科技的深度融合上。随着工业4.0以及人工智能的快速崛起，高等教育领域正在经历一场变革。"工业4.0以智能制造为主导，以人工智能为核心"，这种描述看似只与自然科学密切相关，而与文科无直接关联，然而，事实并非如此，因为工业4.0对文科的影响是深远的，尽管它可能并不明显。此外，文科似乎并未完全准备好应对工业4.0带来的挑战，其试图通过设定固定的边界和学科"围墙"来保护自己免受工业4.0的影响，但如果文科无法适应工业4.0的发展趋势，那么其将被视为"弃子"。当工业4.0推动人工智能的发展，人们可以从一些工作中解脱出来，那么人类作为劳动产物的特性是否会有所改变？这些都需要新文科来解答。为了解答这些疑问，我们需要促进新文科与工业4.0的深度结合。这种结合并非偶然，因为它们几乎是在同一时间出现的。工业4.0提出了新文科发展的新标准，而新文科则回应了工业4.0所面临的新挑战。通过这样的互动，两者的结合产生了新的生命力，从而催生了"人文与科技的融合"这一理念。当前，"人工智能+教育"的趋势正在兴起，其目标是培育适应新时代需求的人才。在人工智能快速发展的背景下，"人工智能+新文科"的模式可能也会应运而生，这将有助于新文科人才的培养。

(三) 新文科的发展方向

新文科的出现源于特定历史时期，其核心理念在于强调人类主体地位，鼓励人文素养与科技知识并重，以及注重跨学科融合。对于新文科的理解，我们需要从其产生的环境和特性出发。同时，由于新文科起源于西方，因此必须经历本土化的过程，而这个过程的核心就是将目标本土化。目标在实践活动中扮演着关键角色，它解答了新文科发展成什么样子的问题。为此，我们需要回到学科的角度去深入探讨。学科是高等教育的基础，它包含三个主要方面："人才培养、科学研究和社会服务。"随着时间的推移，学科的边界不断扩大，从最初的三维扩展到了六维。2017 年发布的"双一流"建设文件明确指出，学科应涵盖六个维度："人才培养、科学研究、社会服务、文化传承、师资队伍和国际交流。"新文科作为一种新的学科形式，继承了这六个维度，同时也展现出其独特性，从而形成了新文科的发展方向。

1. 新文科人才培养理念强调的是培育卓越型人才

对于新文科来说，其核心任务就是人才的培育。这个理念已经被众多研究者所接受并逐渐成为共识。新文科的人才培育不仅涉及"为谁培养人"以及"如何培养人"这两个关键问题，而且它也是新文科相较于其他新兴学科的主要区别之所在，同时也是新文科与传统文科之间显著的不同之处。新文科致力于培养既具备人文素养又拥有专业技能的优秀文科人才。

第一，对于新文科的人才培育，需要满足卓越人才的培育标准。"六卓越一拔尖"计划 2.0 是我国提出的一个战略，旨在培养优秀的工程师和其他领域的专业人才，推动"四新"(新工科、新医科、新农科、新文科) 的发展。新文科作为该计划的一部分，其人才培育必须符合卓越人才的规范要求。尽管我国鼓励培育卓越人才，但并未明确界定什么是卓越人才，因此，如何定义卓越人才就显得至关重要。本书认为，一个优秀的个体应同时具备两个关键特质。首先，全面掌握知识并提升技能是至关重要的，这包括理论学习和实际操作能力的平衡发展。尽管达到这一目标并非易事，但即使无法完全满足这个标准，但在某一方面表现出色也仍然可以被视为优秀的人才。其次，重视学科理念和专业素养的培育也是不可忽视的一环。只有通过学科教育活动的实施，我们才能有效地提高理论知识和实践技能。"六卓越一拔尖"计划2.0并未设定特定的学科领域，而是将焦点放在了学科群体上，通过这种方式来推动人才培养。在这个范围内，无论是同一学科还是特定领域，只要能做到顶尖，都可以被称为"具有批判性思维、独立思考能力和解决问题全局观"的卓越人才。无论如何定义卓越人才，新文科始终坚持追求这些品质。

第二，新文科的教育理念强调了"立德树人"的重要性。过去，由于目标的不明确和实施效果的延迟等问题，我们很难真正地将这个理念融入教育实践。如今，立德树人已经成为教育的核心任务，也是新时代对于人才培养提出的新要求。因此，新文科作为新时代的产物，必须全面执行并践行这一核心理念。由于新文科的特殊性质，它可以通过反思和对话等方式来进行教学活动，这使得新文科能够更好地实现立德树人目标。相比之下，新工科等其他学科在这方面可能面临更多的挑战。然而，值得注意的是，无论是新文科还是新工科，只要我们采取适当的方式，都能够实现立德树人的目标。此外，学生的课外阅读和实践活动也有助于他们提高思想水平，强化他们的价值观和意识。这些活动不仅可以帮助他们更好地理解立德树人的意义，还可以为他们提供一个平台，让他们有机会亲自参与到这个过程中去。总之，无论是在新文科还是在新工科领域，只要我们能够正确地理解和执行立德树人的理念，就一定能够取得成功。

第三，新文科环境下重新重视人文精神。人文精神的本质在于理解生命的价值、意义以及其他相关方面，并由此产生一种深层次的关切。同时，人文精神具有中立性，其在不同的语境下会有不同的解读和倾向。传统的文科教育主要关注知识的传递，而忽略了人文精神的培育。尽管社会学家在理论研究中强调文科应培育人文精神，但在实际的教育实践中却往往忽视了这一点。现在，在新文科的环境下，我们重新强调人文精神的重要性，并通过各种活动来培育学生的精神品质。尽管新的和传统的文科都在强调培育人文精神的重要性，然而，新文科的人文精神却具有更加丰富的内涵和深度。这种新颖的人文精神不仅是对自我认知和终极关切的理解，它还在全球化的背景下，通过自我反思扩展到对他人的关爱，从对国人的热爱发展到对全人类的关爱，从而塑造出一种全球公民的意识。对于学术界来说，探讨人文精神在特定历史时期的变化以及如何在保留其民族特色的同时吸收世界先进文化来丰富人文精神的内涵，这些问题都需要依靠学术研究来解答。而人文精神的研究成果，可以被转化成教育资源，以此引导学生的顺利成长，激发他们的终极关切和全球公民意识。如何培养人文精神，这依赖于教育和教学活动的开展，因此，我们有必要进一步讨论新文科的教育教学实践。

第四，对于新文科的人才培育来说，教育和教学活动的参与至关重要。尽管新文科被视为一个独立的学科领域，但我们不能忽视其教育和教学活动的实际意义，它们实际上是对学科领域的具体体现。在新文科的教学活动中，教师和学生之间积极的互动和对话起着关键作用。这种互动方式强调了学生的主体地位，并鼓励他们就特定问题提出不同见解，从而提高他们的理解力和反思能力。举例来说，在对话环节中，学生有机会深入挖掘自身的价值观，并以此塑造出一种人文精神。而在交流环节中，学生则有机会通过反思，审视自己和他人的价值，进而提升人文精神。同时，学生的自主学习也是不可或缺的一部分，这包括通过阅读书籍和参与实践活动等方式，进一步丰富人文精神，并提升个人的人生境界。

2. 新文科研究人的价值

第一，传统人文学科研究的局限性。其研究方式通常被认为是一种解释性和价值观导向的知识体系，也可以说它缺乏明确的标准，却具有极强的主观色彩，这使得人文学科的研究变得难以量化。不幸的是，许多传统的文科研究者过度依赖于自然科学中的量化研究方法，并以此为标准评估人文学科的研究成果。他们往往将研究成果的数量视为衡量人文学科价值和评估其科研成果的重要指标。然而，人文学科的研究过程往往是一个精雕细琢的过程，从理解到传达再到形成文字，这个过程需要时间的沉淀。

遗憾的是，现代社会普遍追求快速获得科研成果，这与人文学科的特点相悖。换句话说，虽然人文学科存在一定的研究模式，但这些模式并不完善。因此，新的文科研究必须克服这些缺陷，恢复人文学科的特质，同时融入时代的主题。

第二，新文科研究人的价值。新文科研究旨在寻求人的意义和使人更有意义。人是什么、人的价值是什么，虽然马克思等人已经做出了阐释。但是随着时代的发展，尤其是在人工智能时代，人的部分劳动被人工智能所代替，是否还能通过劳动来认识人的本质，人的价值又会发生哪些变化、如何变化以及如何实现人的价值，这些人的价值问题构成新文科的研究内容。

第三，新文科研究采用反思法。"反思是内省方式，思考自己的思想等。"新文科的研究可以使用普遍性研究方法，也可借鉴自然科学的研究方法，更关键的是可使用文科特有的反思法。新文科研究人与人的价值，虽然可以通过量化方法进行测量，可是数据并非万能，价值的深层次问题难以被准确测量。

为了深入探索人类内心的复杂世界，新的文科研究必须依赖于自我反省的方法。这种方法通过言语和其他手段揭示人们内心的想法，然后对其进行深度剖析，从而引发一场关于内心世界的重新审视。理解在这个过程中起到了关键作用，因为它是一种富有创造力的对话和回应方式，被视为"人的积极力量，激发着人们主动去思考自我，构建独特的精神世界"。不仅如此，对话也存在于人与人之间的交流，以及人与经典著作的互动之中，这为产生高品质的研究成果提供了土壤。因此，当应用自我反省的方法时，研究者的个人经历和思维层次将直接影响到研究主题的选择、研究策略的设计以及研究结果的评估。这就意味着新的文科研究不应该遵循固定的模式，也不能仅仅依靠统一的标准来评价科研成果，而是鼓励各种观点的多样性和竞争性。

第四，新文科的研究成果经过了长期的积累和沉淀。这正如俗语所说的，"板凳甘坐十年冷"，它形象地描绘了文科研究的艰辛历程。我们必须认识到，文科研究并不是一个简单的过程，它需要时间去探索和发现。因此，"研究者应甘于寂寞"这一说法并不夸张。同样，新文科也遵循着这样的规律。在这个快速发展的时代，人们更倾向于追求即时性和高效率，这也导致长时间的积淀和深入研究变得越来越困难。然而，历史经验告诉我们，那些经典且高品质的科研成果往往是在长时间的积累和沉淀之后才得以诞生的。因此，在新文科研究中，我们应该尊重并保护那些愿意独自进行长时间、独立研究的人们，这样才能为他们提供足够的空间来产出高质量的研究成果。同时，我们也应该强调，新文科研究的目标应该是将潜心求知的理念与关注社会的责任感相结合，以及在学术自由与学术规范之间寻求平衡。只有这样，我们才能期待新文科研究能够持续发展，不断产出高质量的研究成果。

第五，在评估科研表现时，我们需要考虑的是如何调整评价机制。对于自然科学领域，其研究成果往往能在较短的时间内获得突破，而人文学科则相对困难。因此，我们不能将同样的科研评价标准应用到所有学科上。对于新兴的人文学科，我们应摒弃仅依赖论文作为评判依据的做法，而应接受并尊重各种形式的研究成果。此外，我们还需确保这些研究成果既具有学术价值，又能够被大众所理解。毕竟，任何学术研究都必须具备一定的学术性，然后通过通俗易懂的形式展示出来，这样才能激发公众的思考。

3. 新文科的核心使命在于激发人们的思考

当前关于社会服务的讨论往往聚焦于实体的表现形式，而对于虚拟形式的探讨相对较少。尽管新的工程科学等领域确实能够产生实际的产品和服务，然而，新的人文科学则主要通过提供知识和理念来实现其社会服务的目标。这些服务不仅针对个人，也面向整个社会，包括启发公众的思维方式以及为社会提供智慧支持。

第一，新的人文科学的社会价值主要在于其能为社会提供优秀的人才资源。新的人文科学的教育和教学活动旨在培育杰出的专业人士，他们将被引入社会的生产领域，参与各种社会生产活动，从而为社会的进步做出贡献。

第二，新文科的核心使命在于激发人们的思考。它强调个体的重要性，并通过深度反省来提高个人的道德品质。这种长期积累的结果，往往以科学研究的高质量成果以及各种艺术创作的形式呈现出来，从而被公众所接受和欣赏。这些作品不仅能引发人们对自我的深入思考，还能促使他们反思自己的行为和言辞，从而提升他们的思维层次，实现思想上的启蒙。而这个过程，就是我们所谓的"领悟"，即自我教育的本质，也是自我塑造的过程。因此，优质的教育并非强制性地去灌输，而是引导学生去探索和发现。

第三，在新文科领域，其主要的社会贡献是提供智慧支持。新文科很少产生实物产品，但其作用并非可以忽视，尽管智力活动看似无形，但实际上变得越来越重要。其研究主题通常源自社会发展中的关键问题，通过持续的研究和探索，寻找解决方案，研究者个人的思维方式也会影响研究过程，从而产生独特的研究结论和多样的研究结果。这种多元化的研究成果为社会解决关键问题提供了参考，同时也成为制定相关政策的重要依据。此时，大学不仅是一个教育机构，而且也扮演着智囊团的角色，即"成为一个值得信赖且实用的新文科知识库"。

4. 新文科关键在于构建一个专兼职的教师团队

当前的文科教育团队主要由学校内的教职员工组成，这使得其他人员很难参与其中，这种教育模式不仅阻碍了内部与外部资源的互动，也限制了多元化教学方式的发展。对于新文科的教育团队来说，需要突破这种单一的教育主体模式，积极吸纳来自社会的专家学者，形成一个专职和兼职人员均有的多元化教育团队。

第一，在新文科领域积极引入社会学者。社会学者是指那些在文科领域具有深厚知识储备、能够有效地表达他们的观点并阐述他们的思想，同时在他们所研究的领域内具有创新精神的非体制内的知识分子。尽管他们无法达到文科资深教授的高度，但他们在长期积累的过程中已经形成了自己的独特见解。因此，新文科应该适当地吸纳这些社会学者，将他们聘为客座教授或兼职教师，以弥补现有专职教师的不足，增加教师的数量并提高教学质量。社会学者可以通过各种方式，如讲座等途径，向学生传播人文知识和思想观念，从而促进学生的思想发展和个人成长。

第二，在新的文科领域，人文精神被视为至关重要的元素。为了实现这一目标，我们需要建立一支具有人文精神的教师团队。首要任务是通过提升教师的人文素养来增强整个团队的素质，这包括两个主要步骤：首先，教师应通过阅读来培养他们的内在人文精神。他们可以从阅读中汲取知识，并以此为基础，深入思考自己和社会的关系，从而提升其人文精神素养的层次。其次，我们可以通过评估的方式来推动教师的人文精神的发展。人文精神是一种复杂而微妙的内心体验，很难用简单的数字来衡量。因此，我们需要采取一种定性和定量相结合的评估方式，通过反思和分析等手段，全面评估教师的人文精神。此外，我们还应该鼓励教师向社会学家学习，以便进一步丰富他们的人文精神。在社会学家的指导下，教师可以通过口头和书面交流等方式，提升他们的内在人文精神。

5. 新文科的核心使命是继承并发扬优秀的文化传统

第一，人文科学承担着传承历史文化的使命。历经五千年演变，我们积累了丰富的文化底蕴，有效地传承这些宝贵的文化遗产，主要取决于人文科学的研究和实践。中国古代的文化传统大多关注人类的认知，界定人类的特性，同时设定了理想的人类形态。例如，孔子倡导的仁爱观念以及董仲舒提出的"三纲五常"等，都是以人性的理解为基础的，然而，这些理解并未形成系统化的理论框架，因此无法归属于人文科学的范畴。自改革开放以来，西方的思想开始涌入中国，人们普遍接受了西方人文科学的理念和标准，将人文科学视为西方的产物，传统文化被笼罩在西方思想的影响之下。然而，随着文化复兴运动的推进，传统文化的价值逐渐得到重视，特别是在新人文科学领域，它与传统文化的关系变得更加紧密。在这个过程中，人文科学既是研究主体，也是研究对象，并且在推动人类发展的过程中起到了关键作用。综上所述，传承和复兴文化的责任无疑落在新的人文科学身上。

第二，在新文科领域，我们看到了一种独特的融合，它既是对传统文化的尊重和传承，也是对文化复兴的积极推动。首先，新文科深深地依赖于传统文化的丰富资源。这种深度的依赖不仅体现在对传统文化精华的吸收上，也体现在对其发展的借鉴上。新文科通过吸纳传统文化中的认知观念，并将其与现代社会的进步需求相结合，从而进一步深化和拓展了人类的认知。其次，新文科致力于挖掘传统文化的核心价值。随着科技的发展和社会生产的提升，人们对于物质的需求已经得到了基本满足，但对精神层面的需求却日益增加。传统文化的历史积淀和丰富的内容，为我们提供了丰富的精神资源。因此，新文科必须深入挖掘传统文化的精髓，以满足人们的内在精神需求。最后，新文科也在文化复兴的过程中发挥着重要作用。作为一门学科，新文科不局限于传统的界定，而是努力打破学科的限制，以更好地适应时代的变迁，推动文化的繁荣。因此，新文科不仅在内部弘扬传统文化，还在外部传播这些价值观，以此增强我们的文化自信，并推动文化创新。

6. 新文科推动人文交流的进步

我们迎来了一个百年未有之大变局，它标志着一个新的时代的开始。封闭的思维方式只会导致衰败，敞开怀抱才能带来繁荣和复兴。中国正在积极地扩大对外开放程度，这种开放不仅体现在经济领域，也包括文化和人际交往方面。人文交流的频率正在逐渐增加，然而，过去的人文交流缺乏与特定学科的紧密联系，更多是对外国文化的引入。随着国家实力的增强以及对外开放的深入，以学科为基础，推动人文交流已经成为一种主导趋势。新文科正是这一趋势的产物，助推人文交流的发展。

第一，我们必须认识到新文科对于促进人文交流的重要性及必要性。传统的人文交流主要依赖于从西方引进的理念和实物成果。然而，随着我国经济实力的提升以及生产能力的增强，我们已经具备了生产实物产品的实力，因此，实物成果的交流变得至关重要。此外，人文交流的内容和形式也需要进一步扩展和丰富。我国的传统文化具有独特的优势，它能够凝聚人心并产生强大的影响力。在新文科的影响下，我们不仅需要引入西方文化，而且需要推动我们的传统文化走出国门，融入全球化的进程，从而推动全人类的发展。换句话说，新文科强调的是人，它将传统文化与现代需求相结合，既借鉴了西方文化，也立足于本土文化。下一步的关键问题是如何利用新文科来推动人文交流。

第二，新的文科教育模式依赖于大学作为促进人文交流的主要力量。随着全球高等教育的日益国际化，我们已然看到全球高等教育管理正朝着全球化的方向发展，其中人文交流占据了重要的位置。大学的国际交流活动能够顺畅地开展，主要归功于"学科是交流的核心元素和联系的桥梁"这一观念。因此，大学在新文科教育中的核心地位决定了其必须承担起人文交流的责任。大学不仅需要引入和吸收西方先进的文化和教育理念，同时也要向世界展示我们的文化价值观，还应积极推动联合办学和科研协作，以及人员之间的互动，以此作为人文交流的纽带，从而提高交流质量。

新文科的目标设定涵盖了六个关键领域，这主要是在高等教育整体层面上进行讨论的结果。然而，当各大学开始实施新文科项目时，其具体工作焦点可能会因学校而异。因此，深入探讨地方高校在新文科方面的基本情况显得尤为重要。

第二节　地方高校与新文科

对于地方高校新文科的研究，我们必须将地域性和全面性相结合，以获得对其深度理解。也就是说，我们需要深入研究地方高校的特点，然后总结出它们发展新文科的原因，从而对新文科的现状有一个全面的了解。

一、地方高校的概况

根据 2019 年的教育部统计数据，我国共有超过 2600 所高等教育机构，其中约 100 所为中央直属大学，其余均为地方大学。除了职业学院之外，地方本科大学大约有 1200 所，这类大学包括新成立的大学和历史悠久的老牌大学。然而，由于多种原因，它们的整体发展能力无法与中央直属大学相媲美。在本节中，我们将重点关注这些具有深厚学科基础和良好发展前景的历史悠久的地方大学情况。

(一)地方高校面临的机遇与挑战

自 2015 年起，"双一流"计划启动，其中，地方高校被视为该计划的重要组成部分，这一举措为这些学校提供了宝贵的发展机会。尽管如此，它们仍然面临着许多挑战。这些学校必须根据当前的条件，克服内部和外部的困难，并结合新文科的建设目标，积极推动新文科的发展，努力壮大自身实力，才能实现做大做强目标。

(二)地方高校具有地域特色和多元化的特性

第一，地方高校地方性特征显著。它们由地方政府管理，接受地方财政的支持，并为地方的发展提供服务，这一事实已得到广泛认可。然而，这种地方性既是它们的优势，也是它们的劣势。在社会地位上，它们并未受到足够的重视，公众对其的关注程度远低于直属教育部的大学。虽然它们占据了高等教育的很大一部分，但在国家"双一流"建设计划中的名额却寥寥无几，无法享受到国家的优惠政策。尽管从名义上来说，它们同时得到了国家和地方的财政支持，但实际上，它们所能获得的国家财政支持非常有限，这导致它们在资金上的困境，使得它们在学科建设和发展上力不从心。因此，为了克服这些困难，地方高校必须充分发挥地方性的优势，走一条特色化的发展道路。

第二，地方高校具有全面性。这些大学的全面性主要体现在其学科领域的丰富性和合理的学科分布上。然而，这种全面性既是它们的优势，也是它们的劣势。一方面，由于学科领域广泛，它们缺乏突出的优势和特色学科。另一方面，为了平衡各个学科的发展，需要协调各学科间的联系，防止出现偏重某个学科而忽视其他学科的情况，如果无法有效地协调各学科，就会导致某些学科表现突出，而其他学科则表现糟糕。尽管地方大学在学科领域方面相对全面，但遗憾的是，它们尚未实现"学科专业、课程体系以及知识结构的综合"。

(三)地方高校的特色发展模式构成了其持续增长的关键驱动力

"高校分类发展与特色发展"的国家倡议为地方高校提供了政策支持，鼓励它们根据自身的特点进行发展。地方高校的特色发展可以从两个角度来看：首先，服务本地社区。部属高校通常会选择一条重点发展的路径，通过大量的资金和政策支持来实现目标。然而，对于地方高校来说，它们必须充分利用当地的资源，发展具有地域性的学科，并以此服务于本地的发展。其次，以人才培养为主导。部属高校往往会以科研驱动的方式来建设学校和增强实力，但是，由于地方高校科研基础相对较弱，因此很难通过科研来推动高校高质量的发展。同时，为了服务本地区，它们需要重新关注人才培养的质量。

对于地方性大学，其多元化、地域性和独特性的发展模式与新文科理念相吻合，因此，实施新文科策略是有其可行性的。

二、地方高校新文科的目标

对于地方高校来说，新的文科教育不仅需要反映新文科的一般特性，还需要融合其综合性和地域特色。同时，我们必须清楚地认识地方高校新文科教育的具体目标是什么，只有当这些问题得到解答时，我们才能为实际的教育活动提供有效的指导方向。

(一)聚焦人才培育

1. 以培育地方所需的人才为原则

对于新文科来说，其学科定位决定了它必须坚持这一原则，否则将偏离其初衷。此外，考虑到地方高校致力于满足当地需求，它们需要为地方的发展提供所需的各种专业人才。然而，新文科强调人文精神的培养，这与地方需要的技术型人才存在差异。因此，这些大学在人才培养过程中，既要重视人才的技能训练，又要提高人才的人文素养。

2. 在新文科教育领域，应特别强调技能的培训

强调技能培训不仅符合新文科的目标，而且与地方发展的需求紧密相连，突出了技能的重要性。这并非意味着我们要偏离新文科的核心价值观，而是将这些价值观融入实际的教育过程中，从而更好地服务于学生和社会。在人才培养的过程中，知识和技能都是不可或缺的部分。然而，这两者之间的优先级如何确定，取决于学校的具体情况。一方面，我们需要在教学过程中重视人文精神的培养，通过完成课程任务来提高学生的综合素质；另一方面，我们也应该加强技能的训练，鼓励学生积极参加实践活动。

（二）科学研究推动地方发展

1. 科学研究的主题往往源自地方性的挑战

"问题既是研究的出发点，也是学科发展的关键因素，然而，文科研究常常缺乏问题意识，并且有时会脱离时代的步伐。"因此，新的文科研究必须紧密结合实际问题，从而实现"理论研究与现实环境的融合，形成一种应用型的学术研究"。对于地方高校来说，其新文科的研究主题通常来自地方发展的现实问题，为解决该类问题提供创新的解决方案。此外，新文科在自身发展过程中遇到的问题也可能被视为研究主题，这有助于更好地推动新文科的发展。然而，在全球化的背景下，我们面临着一个两难的境地：一方面，全球化和国际化带来了国家间的人文交流和知识传播的优势；另一方面，追求在国际顶级期刊上发表论文已经成为一种普遍现象，如果我们仍然盲目追求发表论文的数量，那么很可能会阻碍新文科的科研进步。

2. 科学研究往往依赖于本地的资源

对于地方高校来说，其社会科学研究主要关注当地的问题，因此，它们必须充分利用当地的人文资源。由于地理位置、气候条件等各种因素的影响，每个地方都形成了独特的语言风格、文化习惯、历史遗迹以及思维方式等人文资源，为了有效利用这些资源，新文科的研究者们必须深入挖

掘并运用这些资源，以便更好地展示地方的独特性，并推动具有地方特色的研究。同时，这也将有助于他们在科研过程中保护、传承和发展地方的人文资源。

3. 科研服务的核心在于人才的培育

所有相关活动必须以此为导向，无论是新的文科研究还是其他领域的科研工作，都应遵守这一原则。

科研活动以本地的人文资源为基础，将科研成果转化为教学素材，并通过课堂教学传递给学生，这种方式不仅激发了学生的思维，还提升了他们的自我反省能力。此外，让学生参与正在进行的科研项目，也能够通过实际操作来提高他们的科研技能。

（三）为地方发展拓宽渠道

为了满足地方发展的需求，地方高校必须提供充足的人力资源。这意味着新文科的教育目标是培育能够胜任社会需要的优秀人才，他们不仅具备深厚的理论知识，而且还拥有突出的实践能力。当前，各地对于技能型人才的需求日益增长，因此，地方高校在新文科的教学过程中，应该注重培养那些既能掌握理论又能熟练运用技能的顶尖人才。然而，地方对人才的需求往往瞬息万变，而人才培养的过程却是一个漫长的过程。在这个背景下，我们不得不思考一个问题：如果正好处于人才培养的空档期，那么地方的发展是否还能等待？这就需要地方高校具备前瞻性的思维，预测并适应地方发展的需求，将人才培养的时间提前，以确保地方发展所需的人才供应。此外，我们也必须遵循高等教育的普遍原则，即人才培养不能完全被地方发展所主导，最好的方式是将外部的需求、内部的计划以及个人的实际情况结合起来，以达到最佳的效果。

对于新文科来说，其主要任务并非直接生产技术产品，而是通过激发人们的思维来实现其价值。这种方式需要充分利用当地丰富的文化资源，并借助多媒体和互联网等现代科技手段，进一步拓展人们的思维方式。因此，我们在深度挖掘思想启迪内容的同时，也要不断拓宽其传播渠道。

(四)引入地方社会学者及提升教师人文精神

(1)对于地方高校来说，其资金往往有限，因此，将全国知名的社会学者大规模地引入到本地不可行。那么，我们是否应该考虑引入那些具有地方特色的社会学者呢？这些地方学者不仅深谙本地的人文环境，而且对本地的人文资源有深刻的了解，他们所展现出的独特的人文精神与新文科的需求相契合。只要满足条件，他们就应该被聘为兼职教师，从而充实高校的教学团队，并提高整个学校教师的素质。

(2)为了提高现有教学团队的人文素养和教学技巧，我们必须关注他们是否具备满足新文科要求的素质。尽管大部分地方高校教师的教学水平已经足够应对日常教学任务，但他们的知识深度和人文素养是否能满足新的学科要求仍然是一个问题。因此，我们建议教师们广泛阅读，不仅包括一般的文学作品，也包括本地的特色读物。这种阅读可以帮助他们增强人文修养，提高自我反省的能力。另外，高校应积极推动各类技能培训项目，以便教师能够掌握更先进的教育技巧。同时，高校还应鼓励教师通过参与科研活动来提升自己的能力。

(五)强调国家的核心价值观并推动地域特色文化的传播

尽管地方高校在整体实力上无法与中央直属的大学相抗衡，然而它们依然是我国高等教育系统的重要组成部分，肩负着传播主导文化的重任，同时也致力于推广和保护本地文化。

(1)在新人文科学领域，它们致力于推广和维护主导性的文化价值观。这不仅意味着它们需要坚定地践行社会主义核心价值观，还包括培养学生道德品质和塑造公民身份，以增强国民对国家的归属感和凝聚力。此外，它们还需要尊重并传承历史悠久的文化，以文化人，提高文化自信，建设文化强国。

(2)新的学科领域正在积极地推动地方文化的传承。由于城市化的推进以及其他多种因素的影响，一些地方的文化正面临着衰退的风险。如果我们不采取措施来保护和推广这些文化，那么它们最终可能会完全消失。为了应对这一挑战，地方高校响应国家号召，通过设立地方文化研究中心，组建专门的研究团队，致力于深入挖掘和传播地方文化，从而有效地保护了这些珍贵的文化遗产。

(六) 开展全球交流互动

新文科建设背景下，地方高校需要在其所在的地理区域内开展跨校间的互动与合作。由于这些学校都位于特定的地理位置，因此在新文科领域都存在一定的共性，能够互相分享知识并从中吸取经验。然而，这种互动并不意味着完全的复制或模仿，而是共享当地的资源，共同推进新文科研究。此外，地方高校也需要与国内其他高校进行交流，以便从这些学校的办学经验中汲取灵感，以更高的标准和要求来推动新文科建设。不仅如此，地方高校还需要将目光投向全球，积极参与国际合作，以人文交流为桥梁，开展教师和学生的互换项目，从而扩大交流的范围，深化合作关系，有效推动新文科的发展。

三、地方高校致力于打造卓越的新文科特色

在新文科领域，地方高校在"双一流"建设的指导下，结合其独特的发展路径以及多元化的目标设定，共同构建了新的总体目标，即致力于打造卓越的具有地方特色的新文科。

(一) 追求卓越的新文科人才

对于地方高校来说，其所面临的问题是如何将新文科融入它们的教育体系中，同时又不用完全复制部属大学的卓越标准。因此，这些学校需要在其发展定位基础上，结合新文科的具体目标，来设定它们所追求的一流目标。首先，它们必须遵守"双一流"建设的规范要求，坚持以一流为目标和以改革为驱动的原则，并在新文科的核心任务要求下，明确发展的阶段和目标，制订相应的战略计划。其次，在新文科教学中，必须强调人才培

育的重要性，这一点对于地方高校来说尤为关键。地方高校不仅应将人才培育视为核心任务，而且应努力培养出优秀的文科新人。这正是"六卓越一拔尖"计划 2.0 的核心要求。然而，值得一提的是，这里的"卓越"不仅指科研上的突破，同时也包括了教育质量的提升，如果只关注科研而忽略教学，可能会导致所谓的"虚假的卓越"。因此，为了更好地服务于地方，地方高校需要坚持以学生为本、以本科教育为基础的原则。

(二) 强调人文科学的创新性和多样性

这种趋势反映了当前社会对知识和技能的需求正在不断演变，以适应不断变化的世界环境。因此，新文科的研究者们致力于以新的视角和方法，更好地理解和解决复杂的社会问题。新文科的出现并非偶然，而是基于对现有教育体系的反思和对未来发展的预测。它旨在打破传统的人文学科界限，鼓励跨学科的合作和交流。这意味着新文科的研究者需要具备广泛的知识背景和多元化的思维方式，以便能够从多个角度审视问题并提出创新性的解决方案。此外，新文科还强调了对全球化和多元文化的影响力的关注。在这个日益紧密联系的世界中，理解和尊重不同文化的价值观和信仰变得越来越重要。新文科的研究者们需要具备敏锐的洞察力，能够识别和应对各种挑战。总的来说，新文科代表了一种新的研究范式，它将传统的学科划分抛在脑后，转向一种更加开放和包容的研究态度。这种转变不仅有助于推动人文学科的发展，而且也为解决当今世界面临的诸多挑战提供了新的思路和方法。

(三) 实现有效的规范和引导

这种卓越性和独特性的融合在新文科的理论和实践两个方面都有所体现。从理论角度来看，新文科的独特性主要表现在其深厚的理论基础以及明确的目标框架上。自其诞生起，新文科便展现出了独特的风采。而在实践领域，新文科的独特性不仅依赖于理论的独特性，而且也突破了理论的限制。

(1)尽管新文科理念强调了跨学科的整合，这是一个基本原则，但在实际操作过程中，我们仍然需要依靠各个子学科来实现这一目标。在新文科的框架内，我们要坚守学科的核心价值，并结合时代主题来丰富我们的学科知识。同时，我们也应该在各个子领域的基础上进一步推动跨学科的整合，从而推动整个新文科的发展。

(2)对于新的文科领域，高校内部以及高校之间的差异性必须被强调。就高校内部而言，各个新文科领域的具体构建目标和主要关注点应当根据各自的学科特性和基础来设定。而从高校间的角度来看，每个高校的新文科都有其独特之处，这取决于它们基于既有的文科发展基础和当地资源来寻找适合自身发展的道路。在中国，由于大学间的高度相似性，导致社会对多元化人才的需求无法完全满足。因此，在新文科刚刚开始的时候，大学需要找到自身的特色发展路径，以便与其他高校的新文科区分开来。创建什么样的新文科，以及如何实现这些目标，都取决于大学领导者的决策。

(3)新文科以其丰富的内核和实践驱动力为特征。它是一种将文科与时事紧密相连的创新成果，能够融合时代的主流趋势和地域特色。特定的历史时期孕育了新文科，使得它带有时代的标志并烙上了时代的印记。多元化的地域资源构成了新文科的知识宝库，其根据当地的人文环境建立起来，同时也为地方的发展提供支持。此外，传统的文科作为新文科的基础，既为其构建提供了基础，也推动了其进一步的发展和超越。只有整合各种资源，才能充实新文科的内涵。

(四)服务当地社会

高等教育的使命不仅在于满足自身的进步，还需要履行其对社会的义务，从而扮演一个引领者的角色。对于地方高校来说，它们需要为当地的社会经济增长做出贡献，同时将新文科与地方的需求相结合，以培养具有针对性且多元化的专业人才。值得注意的是，人才培养质量是评估新文科成功与否的重要指标，通过这些人才，我们可以对新文科的发展程度进行评估。新文科能否展现出其独特性，很大程度上取决于社会对其的评价。

第三节　我国新文科人才队伍严重不足

社会的发展模式与发展方式，受互联网、大数据、云计算等各种新兴科技的影响，对人文社科类人才的需求也产生了巨变。许多社会问题往往需要多方面的专业知识才能够解决，这使得传统的文科类人才知识的单一性和局限性弊端就显现出来了。早在 2018 年，国家就提出要建设新工科、新医科、新农科、新文科；随着 2019 年"六卓越一拔尖"计划 2.0 的启动，全国教育模式改革力度大增。我国目前的新文科教育处于起步阶段，社会对新文科人才的需求非常急迫，具体表现在以下四个方面：

一、建设文化强国和彰显文化自信的需要

新文科建设的目标就是要培育一批一流的新文科人才来支撑国家的建设。文化对于一个国家、一个民族的生存发展至关重要。国家的强大和崛起就要依靠一批实力强劲的人才。目前，各个国家之间的竞争尤为激烈，在实现中华民族伟大复兴的关键时期，国家必须培育一批核心文科人才，提高竞争力。中国新文科人才的建设要立足于中国的实际情况，面向全世界，充分体现中国特色、中国气派。中国的优秀传统文化给新文科人才培育提供了源源不断的动力，是中国特色社会主义文化的组成部分，在培育新文科人才的同时不仅可以进一步融入世界文化，提高国际学术影响力，而且也可以吸收和借鉴他国优秀文化，为自己所用。由此可见，新文科建设在彰显文化自信的同时，也可以提高中华文化软实力，提高中国文化的影响力。

二、打破专业壁垒和培育复合型人才的需要

传统文科的问题在于学科与学科之间、专业与专业之间壁垒严重，基

本上印证了"隔行隔座山"的说法。各专业之间的交流很少,难以培养复合型人才,无法满足社会的需要。回顾过去的十几年里,传统文科确实对社会发展起到了一定作用,但是随着大数据时代的到来,新一轮科技革命的进行,它已经不能很好地适应新时代社会发展的要求。而新文科人才在知识上"精专广博",在实践能力上注重"独立思考,力求创新",它的出现有利于打破专业壁垒、加快学科交融,充分发挥文科各专业的特色和优势,打造能够培养应用型交叉学科人才的知识体系。新文科人才的培养过程,实际上就是各个专业、学科之间的融合,不仅如此,新文科也将融入新技术,来克服各个学科、专业之间的隔阂。具体来说,新文科会不断实现文科、理科、工科、医科等的交流融合,培育出来的人才更具有扎实的专业功底,还能够根据实际情况借助相关学科的知识和技术全面地解决问题。

三、人才全面发展和新文科国际化的需要

新文科的建设就是要培养全面发展的人才,换句话说即培养具有综合素质和能力的人才。当今的世界正处于大变革时期,和平与发展依旧是时代主题,随着中国在国际舞台的身影越来越频繁,中国声音在国际频道越来越有分量,在坚持"人类命运共同体"的主张下,中国参加全球治理的能力要求也在不断提高。新的国际形势要求我国必须有一批根植于本土,熟悉国家的方针政策、通晓国际规则、熟练运用外语的综合型人才,为我国做好人才储备,以应对不断变化的国际形势,解决一系列国际问题。

四、服务国家战略和创新发展的需要

新文科的目的在于解决人文社会学与社会经济发展相脱节的问题,与国家战略相符合,培养的人才主要是服务社会经济各领域,引导社会经济快速发展。2015年3月,习近平总书记提出创新是引领发展的第一动力。创新人才的培养是建设高水平科技强国的必然要求,科技创新是影响国际

局势的关键变量。不言而喻，新文科人才的培养与建设是离不开创新的，在《新文科建设宣言》中就表明了建设新文科任务之一就是要创新，就是要以新文科建设来大力推进创新性人才的培养，国家和社会对创新性人才的渴望，正是新文科得以大力建设的重要原因之一。

第二章 数字社会建设的时代背景、内涵及发展趋势

第一节 数字社会概述

一、数字社会的概念

数字社会构建在数字、网络和智能技术之上，形成了一个高度互感、计算精准、智能互联的社会生态。相较于传统社会而言，数字社会的根基在于虚拟领域而非实体空间，这一转变消除了物理空间的界限，导致数字资源、人际互动和社会联系的根本重塑。Negroponte 在其著作《数字化生存》中指出，计算已经超越了纯粹的计算领域，成为塑造我们生活的方式。他认为，数字化已成为人们必须面对的生存环境，他将信息技术在工业社会中引发变革的过程统称为数字化。

数字社会可从以下三个方面进行概述。第一，数字社会消除了时间与空间的限制，实现了随时随地的互联互通，呈现出全天候、全球覆盖的网络特性。第二，得益于其全天候、全球覆盖的特点，数字社会允许人们在生产和日常生活中实现高效率的连接和交流，并且在这种持续的互动中，数字基础设施的支持确保了连接的稳定性。因此，数字社会展现了其高效率和互动性，这对于物质和数字资源的整合与流通起到了积极的推动作用。第三，数字社会与传统社会相比，拥有更为扁平化的组织结构，这使得数据能够在更广阔的范围内共享，从而赋予了数字社会共享性的特征。

二、数字社会建设的特点

(一) 精准性

社会建设可以利用数字技术提供精确、全面和可靠的信息及决策辅助，使政府能在更准确地把握社会状况和民众需求的同时，进一步制定出更有效的方法和举措。数字技术还能为管理者处理复杂城市信息提供强大的技术保障，使他们能够根据不同群体的需求提供个性化服务，迎合公众多元化需求。此外，数字技术在提升社会建设的执行效率与品质，降低人为错误和干预的风险，减少建设成本，增强精确度和科学性方面发挥重要作用，并通过数据分析和算法模型的应用，针对社会建设和公共服务提供预测和优化功能，进而提升社会建设的精准性。

(二) 高效性

数字社会的高效率特性在信息采集、数据分析和决策制定等多个方面得到体现。互联网和物联网等技术的应用使得对社会现象的监测更为全面和精确，而大数据分析技术则能够迅速处理和解读收集到的信息，提炼出对决策有用的数据。此外，数字技术还能高效处理海量数据，提升数据处理的效率。借助数据和算法驱动的智能分析，数字社会建设的决策质量得到显著提高，从而加速社会建设进程。

(三) 互动性

数字社会建设的互动性主要体现在促进基层参与、增强透明度与强化责任监督等方面。利用数字技术，政府通过多样化的网络平台，高效地传播信息并促进沟通，使公众能够清晰地了解到决策的依据、过程和最终成果，同时便于吸纳民众的意见和反馈。数字化的社会建设不仅增进了政府与民众之间的交互，提升了政府公信力，而且还激励了公民更加积极地投身于社会建设，构建了一种高效且多元的交互参与模式。

（四）普惠性

数字社会建设致力于打造一个公平、开放、包容的体系，使得所有人都能受益。借助数字技术，公众能够更加轻松地获取信息和享受服务，这有助于实现公共资源和信息的公平分配，减少信息差距，并增强透明度。此外，数字技术的发展有助于增强边缘群体获取公共服务的能力。利用网络服务平台，数字社会建设已经扩展到政务服务和社会保障等多个领域，不同群体可跨越地域和时间的障碍，共同享有这些便捷的普惠服务。

（五）智能化

智能化是数字社会建设的一个显著特点，它通过采用前沿的信息技术和人工智能技术，对社会进行自动化和智能化的升级改造。这种技术能够深入分析和挖掘各种信息，使决策更加科学和精确。同时，通过推动智慧社区、智慧便民生活圈、智慧家庭以及多场景智能应用的普及，提升公众的生活体验和幸福感。

第二节　数字社会建设的时代背景

一、人的数字化生存困境

（一）数字鸿沟问题

数字鸿沟是指在信息技术使用和获取方面的不平衡现象。在数字化时代，信息的获取、处理和交流正在以前所未有的速度增长，人们的网络接入能力、知识水平和对环境的了解由他们的经济地位决定。高收入群体由于资源丰富，既有能力通过付费教育和培训提升信息处理和知识技能，也能更多地参与数字实践，这些实践活动增强了他们在数字领域的信息处理能力和知识水平，因此他们享有更好的网络接入条件，在信息获取上占据更好的优势。而低收入群体由于网络基础设施的不足，限制了他们的数字实践，导致信息思维和知识技能上的不足，往往面临网络接入和信息机会的缺失。在数字化环境中，数字鸿沟不仅体现在技术应用的普及和基础电脑知识的传播上，还与社会、政治、经济领域的发展，人们的生产、社交、行为习惯和思维模式紧密相关。在这种背景下，数字鸿沟作为数字不平等的一种表现，不可避免地与经济不平等联系起来，经济不平等造成的信息获取和知识技能差异是导致人们数字技术不平等的一个重要原因。这种差异在数字社会中进一步演变成经济发展上的差距，从而加剧了人们经济间的不平等，而经济与数字之间的不平等相互影响导致出现恶性循环。在数字社会中，信息鸿沟的严重性超过了经济鸿沟，缺乏信息接入、信息思维和知识技能的个体会完全被排除在数字社会之外，既无法参与数字经济生活，也无法融入由新型数字交往方式所构成的社会关系。

（二）人的数字异化

数字技术不仅加剧了经济上的不平等，还使人们的生活全面融入由数据和算法构成的虚拟环境之中，成为数字化生活模式的一部分。在数字领域中，人们的行为和思想受制于一个由人之外的力量所塑造的数字存在，这个数字存在是人们内在自我的延伸，当人们通过网络连接到数字世界中进行活动时，其内在意识随之渗透到这个虚拟空间，变成为一种独立的力量，对人们的行为产生潜在的制约。这种现象表明，人的存在方式在数字社会中发生了根本变化，经历了数字异化的过程。

在产业经济时代，人类的异化不是直接源于物质生产的过程，而是由科技产物和私有制之间的关系所引发。社会结构中的不平等导致生命活动的主体与外部对象之间的断裂，阻碍了人类生命活动的自然循环，人们的异化在于劳动并没有带来预期的收益，反而导致了贫穷的加剧，并且使他们与自己的人类本质越来越疏远。在数字时代，人类的异化现象变得更加复杂，生产过程不再受限于物理空间，而是扩展到了网络信息搜索、虚拟游戏互动以及移动互联网的各个方面。数据垄断逐渐成为一种新的财产控制形式，而在数据获取的过程中，数据生产者与数据之间产生了分离甚至对立，从而导致了他们与自己内在本质的疏远。与产业经济时期工人异化不同的是，所有参与数字世界数据创造的人都可能经历这种异化，这种方式的异化往往是隐秘和潜移默化的。除此之外，随着人工智能时代的到来，人们可能发现自己被置于一个与人类本质相分离的地位，成为一种类似机器的存在。基于这个视角，人类与机器的互动被机器的优越性所主导，而人类的生物天性则天生处于劣势，在人与机器的互动中，人类可能会不自觉地陷入被人工智能控制的境地。这种情况显然与人类创造机器的初衷相悖，即为了辅助人类更好地认识自然界，摆脱自然力量的束缚。然而，在实践中，人类并没有摆脱自然力量的制约，反而可能成为机器的附属品。人工智能不仅具备超越人类的认知能力和先进技术，还拥有强大的学习功能，类似电影《普罗米修斯》中，机器人大卫创造新生命并对抗人类的情节，人类竟然被自己所创造的工具所控制，失去了人的本质，成为异化的人。

二、数字技术的社会风险

(一)数字社会的信息安全风险

随着移动设备的进步，连接互联网的成本显著下降，智能手机的普及使得任何人都可以轻松访问网络。成熟的移动互联网技术大幅降低了进入数字领域的门槛，使得互联网平台成为一个前所未有的开放信息空间。得益于互联网的即时性，网络安全事件不再受时空限制，它们传播迅速且影响广泛。网络攻击可能在全球任何地点、任何时刻发生，且往往以低成本导致严重的后果。

(1)数字硬件的安全风险，这也被称为数字基础设施的功能性威胁，其目标是破坏数字基础设施的完整性。这类攻击普遍存在，因为在互联网的早期设计中，安全并不是一个主要的考虑因素。因此，互联网的软硬件基础设施缺乏有效的防御机制来抵御网络攻击，再加上互联网早期的应用范围有限，因此数据保护的意识也相对较弱。

（2）数字内容的安全风险，即数据和信息的泄露。这种风险源自两个不同的因素，一是人们在数字环境中的活动都会留下痕迹，无论是进行在线购物、玩游戏还是其他互动，这些数据通常会被储存在服务提供商的数据库中，用于分析消费者需求和投放广告等商业目的。然而，服务提供商本身也有着泄露信息的风险。二是个人数据可能通过一系列分析手段被揭露，人们在社交媒体上分享的个人信息可能会被情报分析等技术手段所利用，从而增加隐私泄露的风险。再加之 GPS 技术的成熟，智能导航和叫车服务等应用已经普及，这些服务通过分析用户的日常活动区域和移动路径，能够推断出他们的职业等个人信息。

(二) 数字社会的隐私保护

数字时代对于隐私权的界定、涵盖的范围以及保护的复杂性都有了显著的扩展和提升。

（1）鉴于数字时代数据驱动和价值创造的特性，以及数字互动的共享本质，数字隐私的范畴已远远超越了传统意义上的个人、私密和排他的信息，还包括在传统社会中可能被视为非个人、私密但普遍存在的信息。这种变化的原因在于，传统社会中人际交往的范围有限，个人信息的传播边界清晰，在熟人圈内，某些信息不必保密。但在数字世界中，交往空间几乎无限制，信息传播也趋向无限，不存在特定的熟人圈，那些在一定范围内公开的信息一旦被发布到网络平台，就可能成为所有人可见的内容，进而变成需要保护的隐私。

（2）在数字化时代，隐私的边界已经显著扩展，在这样的环境中，人们几乎没有隐私可言，仿佛生活在一种被称为"数字全景监狱"的状态中，信息的传播变得复杂且难以控制，个人的信息可能会被无限放大和暴露，隐私的界限变得宽广无边。

（3）由于数字世界消除了时空的限制，隐私传播的潜在负面影响被放大，随着信息技术的进步，信息泄露的风险显著增加。此外，隐私保护技术的不足、隐私法规的漏洞，以及公众对隐私保护意识的淡薄，都使得保护个人隐私成为现代信息社会面临的一大难题。

(三)数字安全风险带来的挑战

(1)对于国家安全的潜在威胁。在信息技术不断发展的今天，维护国家安全面临着来自数字领域的严峻考验。尽管木马、病毒感染以及网站攻击等传统网络攻击行为已经得到有效控制，但新的网络威胁仍然不断出现，如 APT 攻击、分布式拒绝服务(DDoS)攻击等问题仍较为严重。这些网络攻击通常针对国家关键领域的基础设施，目的是获取关键数据或对基础设施进行功能性破坏，从而达到勒索或使其失效的目的。

(2)随着数字化进程的加快，经济体系面临的安全威胁也愈发显著。数字经济体系利用其特有的即时互动和数据共享功能，极大提升了资源配置效率，并显著提高了信息交流和交易速度，创造出巨大的经济价值。然而，依赖数字技术的经济体系也必须应对数字环境中的安全威胁，这些威胁可能导致严重的经济后果。数字金融虽然与传统金融在功能上具有相似性，但数字金融危机可能会引发广泛的社会经济动荡。金融机构和经济实体不再局限于传统的风险范畴，而是完全置身于数字环境的综合影响之下，导致信息泄露的风险增加，比如关键交易信息的泄露会破坏金融市场的稳定、企业商业秘密的泄露会扰乱市场秩序，这些情况都会导致经济危机的发生。

(3)数字安全风险可能导致严重的公共危机。在个体层面，个人信息泄露可能会让犯罪分子有机可乘，从而对个人的生命财产安全构成威胁。此外，隐私泄露还可能损害个人的人格尊严。在社会层面，个人权利受到的威胁可能会加剧全社会的焦虑和恐慌，导致社会秩序混乱。数字安全风险导致的信息泄露让每个人都可能成为被监视的对象，从而引发社会信任危机。

三、数字技术带来的机遇

(一)数字技术引导社会建设的多元主体参与

数字技术搭建了一个以平台和算法为核心的数字社会框架，在这个框架中，社会建设的范畴从实体空间扩展到了虚拟空间，消除了物理界限，使得数字世界中的每个个体都能参与社会建设。

(1)数字社会的去中心化特性使得其建设框架也具备去中心化的特征。这意味着不论是政府机构还是社会个体，均作为节点融入整个体系，从而将原本由政府单独主导的社会建设过程转变为一个涉及多方参与者的共同参与过程。

(2)得益于智能化的数字社会构建平台，数字技术的即时性和互动性使得平台能够及时收集数字社会成员的需求和利益诉求，并将这些信息融入社会建设的进程中。

(3)数字技术促成了个体行为向集体行为的转变，并在数字社会建设中发挥重要作用。在数字社会之前，个体声音往往难以被政府等社会建设主导者听到，然而，在数字时代，个体可以基于共同的兴趣、理念或利益形成集体，将个人行为转化为集体行动，从而以集体形式参与到社会建设之中。集体行为因其规模而具有比个体行为更大的影响力，虽然有时可能带来负面后果，但它同样能够产生积极效应。只要在积极、有序的数字社会建设框架下，这种集体行为就能够发挥重要作用，促进社会的和谐发展。

(二)数字技术提高社会建设效能

优化资源配置对于推动社会建设至关重要，数字社会建设平台利用数字技术的特点，加强了资源整合的能力，这种整合构成了社会建设的基础，确保了所有数字社会成员都能通过共享机制获取所需资源，以此作为发展的起点。建立在资源整合基础之上的社会建设，能够满足不同主体的多样化需求，实现资源的均衡分配，促进社会的有序进步，从而提高社会建设的成效。

(1)技术层面上，数字技术打造了政府、社会与个人之间紧密相连的建设框架。首先，政府的信息搜集和处理能力得到显著提升，使其能够快速响应社会上的民声、民情和民意，科学地分析和解决社会建设中的难点和阻碍，有针对性地推进建设工作。此外，数字技术为政府转变建设观念提供了坚实的基础，使政府逐渐依赖于数据的积累和分析来进行社会建设，从而提高建设效率。

（2）社会层面上，数字技术即时而互动的特点使得数字社会建设平台成为提升整个社会组织能力的重要工具，促成了一个合作、共建和共享的新社会建设模式，这一模式不仅降低了社会建设的时间和经济成本，还为进一步提高社会建设效率奠定了基础。平台将社会各部分和不同领域的实体融合进社会建设的整体进程中，为发挥社会成员的集体智慧提供了机会。

（3）个人层面上，在数字领域内，个体具备了数字身份，成为数字化的一员，其知识和见解汇聚成集体智慧，为社会治理决策提供了依据。个体直接参与数字社会建设也能促进建设效率的提高，比如在城市管理系统中，居民可以通过网络平台报告问题，实现问题的快速解决。同时，个体在数字活动中的数据积累形成了庞大的信息资源库，这些数据在算法支持的数字治理框架下，为社会发展提供了动力。

四、数字社会建设能力相对薄弱

（一）数字社会建设观念较为滞后

在数字社会建设的早期阶段，尤其是在电子政务时期，我们对数字建设的理解和实践相对落后。首先，在建设的主体和目标的认识上，我们未能充分认识到数字社会建设需要多元主体的共同参与。因此，在建设目标上，往往将其简化为仅仅追求效率提升的技术应用。在数字社会建设的初期，电子政务主要关注的是政府自身工作的数字化，目标是利用数字技术提升内部管理人员的办公效率。然而，这种模式未能把政府管理融入整个社会建设的宏大体系中，以建设平台为焦点，构建一个数据整合与共享的、多方参与的建设体系。其次，在数字社会建设的技术应用实践中，一方面，政府由于对数字技术和数字社会建设的理解不足，过度扩展数字技术的应用范围，将其应用于社会治安、行政执法和监管等多个领域，这种做法在实施过程中可能会因为法律法规不完善而导致数据的泄露。另一方面，部分地方政府因为对数字技术的理解不够深入而表现出抵触态度，缺乏有效的规划和执行层面的操作。在数字社会构建的组织职能方面，面临权责不清和界限模糊的问题，科层制结构的限制使得各部门对于平台建设的职责不够明确，导致建设标准、功能和责任不统一，各个单位各自建立了独立的数据库系统，却难以实现互联互通，这种状况不仅未能提升行政效率，反而增加了行政开支。

（二）数字社会建设人才不足

在当前的人才培养体系中，大部分数字人才源自理工科背景。这种培养机制偏重于理工科专业知识，忽略了人文社科素养的培育，结果导致部分数字人才在转向公共领域工作时，常感到难以适应。针对这种情况，建立一个系统化的人才培养体系至关重要，该体系应以培养适应数字社会建设需要的人才为目标，涵盖人才培养标准、评价体系、产教融合和就业指导等方面。目前，数字人才主要集中在建筑、教育、制造、金融等领域，而在公共领域的分布则相对较少。数字社会的人才配置不仅受当地人才政策的影响，更深受区域产业结构的影响。在数字人才的地理分布上，呈现出明显的不均衡性。一方面，经济较为繁荣的地区能够提供更具吸引力的薪酬，从而在人才争夺战中占据优势。另一方面，经济发达区域通常拥有较为成熟的信息技术产业，这不仅能够吸引人才迁入，还能在当地培养出数字人才；相反，经济欠发达的地区因产业基础薄弱，难以吸引人才就业或培养本地数字人才，导致出现数字人才稀缺的局面。

（三）数字社会建设技术相对落后

数字社会建设的理念相对滞后，这在一定程度上导致了技术层面的发展滞后，难以跟上数字社会的发展速度。这一问题主要体现在技术建设、技术标准，以及在数字技术的应用实践方面。首先，有些地方在数字技术建设上过分追求项目的数量，却忽视了质量，导致数字基础设施和平台的功能性缺陷和不符合实际需求的问题。这种做法不仅加剧了成本负担和资源浪费，还导致原本用于社会建设的资源被不均衡地投入到数字基础设施建设上，从而影响了社会建设的整体效率。其次，过于关注数字基础设施建设的手段，而忽略了建设的最终目标，导致在实际建设过程中，常常为了适应平台逻辑而忽视了实际情况和需求。结果是，当数字平台建成时，相关的技术标准已经过时，面临着被淘汰的风险，这种情况非但没有提升效率，反而增加了成本开支。

第三节　数字社会建设的内涵

在当前数字技术、信息技术和智能技术成为主要发展驱动力的背景下，深化数字社会战略在新时代中国特色社会主义物质文明领域的实践，具有既科学又符合时代潮流的深刻含义。

一、探索数字经济发展的立足点

实施数字社会战略不仅成为中国在经济领域探索数字经济发展的新起点，而且对促进信息化、数字化、智能化和网络化发展起到直接推动作用。同时，这一战略也为数字经济发展注入新活力，提供了强有力的支持。

首先，充分激活数字社会战略在推动数字经济增长方面的实际效益，关键在于深化学术研究并促进技术应用的普及。构建数字社会的举措有助于提升创新能力，加速科技、品牌、市场、产业和商业模式等的创新进程。通过强化数字化、信息化、智能化和网络化的应用，可以提高数字经济时代的有效供给，创造出最符合广大人民利益的有效需求，并确保创新在竞争中能够发挥优胜劣汰的积极作用。其次，持续推动数字社会战略将有助于我们从现实和发展的角度把握并适应科技与产业革命的新时代趋势，突破数字经济发展在领域、层次和地域上的限制，加强与5G、大数据、区块链等尖端技术的合作，大力促进产业数字化转型和数字产业化的技术创新、新型产业发展和创新模式的构建。此外，面对我国经济社会发展遭遇的诸多挑战，积极推动数字社会建设，集中力量发展具有弹性、坚韧和活力的数字经济，不仅有助于经济社会持续健康发展，还能创新数字技术的应用，增强国家战略科技实力，并形成以数字化为核心的产销结合、虚实融合的新发展模式。这种新模式将激发我国经济全行业产业链的新活力，创建一个既有可持续发展潜力又有创新动力优势的数字经济发展"快速通道"。

二、拓展数字政务服务的新平台

在传统的政府管理和服务中，由于文件众多、管理复杂等问题，政府各部门之间的协作往往不佳，导致"数据孤岛"现象普遍，同时存在效率低下、效果不佳、运作不畅、事务繁杂等问题，严重阻碍了政务服务的现代化和高效化进程，导致民众急难愁盼问题无法得到及时有效的解决，从而引发民众的广泛不满和抱怨。因此，将数字化技术融入政府的日常运作和机制中，有助于解决过去因技术限制所带来的一系列问题。然而，也应认识到，扩展数字政府服务，推动政治文明向新的高度发展，并不等同于简单地在政务服务中添加数字技术和数据管理，而应是一种有机结合和深度融合，是基于提高国家治理能力和社会治理服务水平，旨在实现政治文明与数字技术创新的协同进步。通过建设数字政府和扩展政务服务平台，党和政府能够更好地坚持人民至上、服务人民、接受人民的监督，提高工作效率，展现良好作风，落实务实作风，展现服务精神，以在政务服务领域展现中国的智慧、速度和效能，同时有利于在新的历史征程中实现和发展中国式现代化，构建现代化的国家治理体系。

三、塑造数字文化发展的新形态

在人类社会的历史长河中，文化始终是经济社会发展的一面镜子，映照出国家和民族的历史与意识形态。文化的形态和发展水平，与生产力、科技水平紧密相连。进入数字时代，文化的门类更加互通，表现形式更加丰富，数字文化成为科技、经济、人文思考的综合产物。我国在新时代要推进文化发展和精神文明建设，必须依赖数字化和信息化的技术支持，发展新的数字文化形态。

数字文化不仅是文化发展的新形态，也是文化从业者家国情怀、思想境界和使命担当的体现。作为涉及众多公众参与的公共领域，文化发展需要面对和处理复杂的文化思潮，需要考虑文化服务和文化产品的传播媒介、话语体系、语境和环境。通过数字技术，我们可以发展具有社会主义底蕴、底色、底气的文化，促进人们精神生活的共同富裕。在社会主义场域内，数字社会的建设和发展，对于创造、发展源于人民、为了人民、面向人民的数字化精神文明，增强文化的文明底蕴具有重要作用。因此，发展数字文化新样态，不仅有助于文艺工作者深入探索和整合中华传统文化和社会主义先进文化，还能增进文化考量与话语转换，从而增强数字文化在引导人们认识、接受和信仰社会主义核心价值观方面的影响力。因此，推动数字社会的构建，有利于发展文化的数字形态，进而打造出更有影响力、更现代化且更具有传承性的文化发展框架，提升社会主义精神文明建设水平。

四、把握数字社会转型的新机遇

在数字时代，社会文明的建设核心在于将社会发展各个方面、各个领域和各个环节全面推向数字化、信息化和技术化，即实现从传统社会向数字社会的转变。

首先，推动社会文明进步和数字社会的转型有助于促进政治的整合和协作。这需要在坚持明确的政治立场的基础上，利用数字技术手段来实施社会建设和管理工作，发挥数字技术在促进社会发展和维护稳定方面的重要作用，以此打造一个积极健康的社会氛围。其次，推动社会文明发展和数字社会的转型有助于进一步强化我国社会发展的基本动力，有助于确定我国社会发展的核心价值观，有助于为我国社会发展的前进空间打开新的局面。数字化代表着经济的科技化、信息的多维度、交流的便捷性、联系的广泛性，以及发展的现代化。我国基础设施建设的全面升级、生产关系的进一步和谐，以及人民群众对美好生活的追求，都离不开数字社会的转型。最后，推动社会文明进步和数字社会的转型对于形成良好的社会环境具有积极引导作用。数字化技术的整合为现代家庭提供了新的视角，同时也为家庭文化的培育提供了增长点。家庭教育的强化不仅让社会成员认识到个体与集体之间的相互作用和内在动力，还将个体置于社会发展的大背景下，这有助于推动社会文明的提升，强化思想基础，展现精神力量。

五、驱动数字生态创设的新载体

实施数字社会战略有助于我国在生态环境领域实现转型。这一战略不仅促进了中国特色社会主义生态建设事业的持续繁荣，还有助于实现人与自然的和谐共生，推动自然环境的健康、可持续发展。此外，还促进了中国特色社会主义生态文明建设的创新性发展。数字社会战略推动了生态保护与环境修复全流程的信息化、数字化、智能化，从而直接增强了生态环境保护对包括经济增长在内的多个领域的积极影响，同时，还为在生态环境保护领域内寻找和建立新的平台和载体提供了支持。

自然环境是社会进步的基础。为了提高生活水平，提高发展的质量和效益，并实现可持续发展，人类必须致力于生态环境的维护和生态文明的建设。正如恩格斯所言，自然不仅仅简单存在，它在不断地生成和消逝，强调人与自然的和谐共生、交融共处是新时代中国生态文明建设的核心理念和基本原则。因此，生态文明不仅是我国发展的关键标准和支撑体系，也是我们不断追求的目标。目前，随着社会经济的快速转型和进步，仅仅以 GDP 作为衡量经济繁荣的唯一标准已不再符合人民的需求和期望。此外，生态文明的构建不仅与经济增长息息相关，还涉及科技、文化和社会发展。应对新的环境和建设挑战，数字化生态文明建设的势头正在积聚，即将迎来新的发展。未来，我国经济社会的发展潜力将在很大程度上取决于是否能够给予生态环境应有的重视与保护，以及是否能够确保人民享有宜居的美好环境。

第四节　数字社会建设的发展趋势

一、数字化、网络化、智能化融合发展

在数字社会的建设过程中，数字化、网络化、智能化融合发展是不可避免的趋势。随着科学技术的不断进步，以及人们生活质量的不断提高，这种融合发展的趋势将会更加明显。其中，数字化是基础，其主要是将各类信息转化为数字信号，如此能畅通数据传输渠道，提高安全性，使得数据的处理更加便捷高效。同时，数字化已经深入到各个领域，推动了各个行业的快速发展，如经济、文化、社会治理等，各个领域的信息都能被存储到大数据库中，便于大数据技术分析挖掘，找到数据蕴含的规律以及背后的价值。网络化是数字化的延伸，其能够将各个孤立的数字系统连接起来，并形成一个更加庞大的数字网络。在这个网络中，信息能自由地流通，人与人、人与物、物与物之间的联系将变得更加紧密。在此基础上，网络化还促进了全球化的进一步发展，使得各个国家、各个区域的信息快速交流共享。智能化是在前两者的基础上，综合运用各类人工智能、云计算、物联网等技术，构建完善的智能系统，并能自动感知、分析、预测和决策，有助于满足社会发展需求，并推动城市、交通、医疗、教育等均朝着智能化的方向发展，切实有效地推动了产业升级，提高了各个行业的生产效率和服务质量。

二、数据驱动与人工智能技术的广泛应用

数字社会的建设趋势将实现数据驱动与人工智能技术的广泛应用，随着大数据和人工智能技术的不断发展，数据已经成为决策的关键因素，在各个行业中的应用优势得到显著体现。数字社会建设将更加依赖数据来进行驱动决策，实现更精准和科学的管理服务。同时，人工智能技术在各个领域的广泛应用，能够为各个行业发展带来一系列深远的影响。首先，数

据是各类决策的核心，企业负责人可以通过数据，预测未来发展趋势，做出科学的决策，使企业朝着更好的方向发展。其次，人工智能技术的广泛应用，能够实现生产服务工作的智能化升级，推动各个区域的经济发展。将人工智能技术和其他技术融合应用，有助于升级数据、保护数据，并结合各地实际情况，针对性地予以完善，发挥数据的应用价值。基于此，我们要加强数据存储和更新应用，发挥其驱动优势，通过数据驱动和人工智能技术的融合发展，为数字社会的建设提供有力支撑。

三、数字经济成为新的经济增长点

随着物联网、大数据等技术的发展，数字经济发展方兴未艾。数字经济的核心是信息知识的生产、传播和使用，对于各类数据的应用，有助于带动各个行业经济提升，为社会发展夯实基础。在数字经济的建设中，数据驱动决策下，企业将更加依赖数据用以指导各项工作的开展，依托数据构建战略方案，做好生产经营工作，实现更加精准的管理和高质量服务。同时，机器学习技术的应用将推动生产效率和质量的进一步提升，解决人力资源方面存在的问题，降低人工操作的错误率，提高了精准度。智能制造、智能医疗、智能交通等领域将成为数字经济的重要组成部分，人们可以通过各种移动终端消费，满足自己的生活需求，数字化消费成为人们生活的重要组成部分。越来越多的行业可以实现在线售卖产品，突破了时间和空间的局限性，扩大了客户覆盖面，也提高了自身影响力。除此之外，数字消费将会变得更加个性化，有效满足不同群体的多元化需求。

四、数字公共服务普及化与均等化

随着人们对生活质量的要求越来越高，社会公共服务也朝着数字化的方向发展，不仅满足了广大人民的现实发展需求，还便捷了人们的工作生活，成为大家生活中不可忽视的一部分，数字社会的建设将会推动数字公共服务的普及化和均等化。在数字公共服务的普及化背景下，其服务质量和效率得到显著提升，不仅在一定程度上缩小了城乡之间的差距，完善了相关公共设施设备，还提高了民众的幸福感、获得感，推动了社会全面进步。通过数字化设备及技术的推广和应用，越来越多的人享受到数字公共服务带来的便利，这使得原本的公共服务覆盖面得到扩展，相应的可操作性也进一步提高。人们可以在各个地方获取所需的公共服务，也满足了自身的应用需求。值得注意的是，在加强数字公共服务供给的同时，应加强数字安全和隐私保护的法律法规的制定和实施，以保障个人数据权益和社会安全。

五、数字文化繁荣发展

文化是一个国家的灵魂和支柱，数字文化已经成为文化领域的重要组成部分。在数字技术的支撑下，数字文化的繁荣发展有助于推动文化的传承和创新，切实有效地提高文化产业的竞争力。其中，数字技术为艺术家提供了更多创作灵感，也给其更加广阔的创作空间，让艺术界作品有了更多不同的表达形式。未来，艺术创作将会更加依赖数字技术，也会呈现出更加别出心裁的作品。同时，数字技术的普及加速了文化产业的转型，使得文化产业的核心竞争力得到大大增强，数字文化产业将成为经济增长的重要动力，文化产业也将变得更加智能化。在文化遗产保护行业中，数字技术为其提供了新的途径，其不仅有助于快速高效地挖掘文化遗产，将其完整地呈现出来，还能真实地保存文化遗产的信息，发挥其价值，为后人留下宝贵的财富。

六、数字建设体系不断完善

数字建设体系将成为数字社会的重要组成部分，数字建设体系的不断完善将有助于提高数字化技术的应用效果，并且获得更多的经济效益和社会效益。首先，在数字社会的建设中必然要建设更多的基础设施，包括宽带网络、云计算中心、数据中心等。这类基础设施的数量逐渐增多，定期升级更新，不仅提高了普及率和应用效果，还带动了各个行业的发展。其次，数字化技术的广泛应用，使得网络安全和隐私保护问题也将日益突出。未来的数字建设体系将更加注重数字安全的保障，加强网络安全防护和数据隐私保护。再次，数字治理体系是数字建设体系的重要支撑。未来，将建立完善的数字治理体系，加强对数字化技术的规范和管理，推动数字化技术的健康发展。最后，数字建设体系的完善需要大量具备数字化素养的人才提供支持。未来，国家应大力加强数字化人才培养和创新促进，推动数字化技术的不断创新和应用。

七、数字教育成为教育改革的重要方向

教育水平的高低体现了一个国家的实力水平，数字技术支撑下，数字教育已经成为教育领域的主要发展趋势。国家应通过运用数字化技术，提高教育教学的效果和质量，推动教育的现代化和智能化。首先，数字化技术可以突破地域和时间的限制，使优质的教育资源得到更广泛的共享和利用，缩小城乡、区域之间的教育差距，提高教育公平和质量。其次，在教学中应用数字技术，能够将每位学生的学习轨迹、兴趣爱好、进步之处等全面记录下来，建立专门的数据库，辅助教师制定富有针对性的教育策略，了解学生的优点和不足，为个性化教育提供数据支持。数字教育可以根据学生的个性特点和需求，提供定制化的学习计划和资源，促进学生的个性化发展。最后，数字化技术为教学模式的创新提供了新的途径，可以改变传统的单向传授模式，实现线上线下相结合的混合式教学，提高教学效果和学习体验。数字教育可以满足不同年龄段、不同职业人群的学习需求，促进终身学习的实现和社会学习的普及。

第五节　数字社会建设面临的挑战与对策建议

一、发展数字经济，打造物质基础

首先，数字社会的建设应实现产业链数字化转型，具体来说，一方面要提高数字产业化水平，带动经济发展，另一方面是将科学技术融入其

中，实现跨界合作以及资源共享。就目前的发展情况来看，我国数字经济产业链依然在前进的过程中，还未全面实现，为了朝着这一目标不断前进，应实现现有产业链的数字化转型，协同多方力量，最大化地发挥资源优势，最终实现共同协作，达到预期目标。基于此，政府部门及相关企事业单位应从技术上着手，加大技术研发力度，并健全供应链，积极培育更多数字化人才，从多个层面实现资源整合，同时建立完善的市场制度，将产业变革放在第一位，鼓励技术要素的市场性催化与生产力转化。

其次，要加强数字基础设施建设。习近平总书记曾指出，要推动互联网、大数据、人工智能和实体经济深度融合。可见，国家经济的发展必然是朝着数字经济这一方向迈进，也明确了我国要积极开辟产业数字化新道路。其中，关键点是加强数字基础设施建设，夯实根基，整合资源，如此才能为后续发展做好铺垫。在数字经济发展中，基础设施发挥了不可忽视的作用，我国数字技术设施建设处于综合引领地位，但是依然存在区域发展不平衡等诸多问题，未来，各地政府部门应从这几个层面着手，加快建设数字基础设施。

最后，数字产业发展应提高数字化服务水平，这不仅是新的发展机遇，也是对传统服务行业提出的挑战。通过数字技术支撑、信息化改造等，政府应从多个角度思考相关影响因素，并促进服务业技术升级，有效降低交易成本，提高管理效率，最终提高服务业总体生产率，创设更多发展机遇。

二、建设数字社会，构筑现实支撑

首先，推动公共普惠服务数字化。公共服务是否完善，直接影响人民的幸福感、获得感，影响国家的持续化发展。当前，公共服务朝着现代化、智能化的方向前进，为了充分发挥资源优势，提高服务水平，公共服务应将数字技术融入其中，通过多方整合，实现普惠化转型。应关注广大民众的现实及心理需求，通过移动智能终端等收集民众的真实数据，了解民众的真实想法，并针对不同群体积极购置先进的设备设施，丰富服务内容及手段，满足民众的个性化需求。与此同时，优化公共机构职能，将"一站办理"要求全面落实，优化原本的办事流程，细化各个条例，拓展宣传渠道，优化传播机制，将公共服务数字化政策全面贯彻落实，提高民众满意度，夯实民众基础。

其次，要建设数字化城市资源体系，推进其应用化、智能化。智慧城市建设离不开物联网、大数据等多种技术，政府部门应做好数据采集、存储、读取等多个环节，健全城市数据资源平台，提高其安全性，将政府政务处理系统连接起来，实现统一接入、高效利用；筛选并分类不同的数据，保证数据齐全，在该前提下公开相关数据，提高透明度，提高民众满意度。

最后，全方位提高智慧社区数字化水平。作为智慧城市建设的主要内容，智慧社区是推动数字社会建设的重要一环。各个社区负责人应结合实际情况，创新设计理念，从顶层优化设计，因地制宜设定个性化方案，通过数字生活场景的打造，资源的整合运用，基础设施的建设等，持续提高社区人民的幸福感。同时，有针对性地提高智慧社区服务层次水平，构建高效的利民社会服务圈，发挥协同效应，不仅要搭建好优质的信息平台，还要构建线上线下服务新模式，配备好专门的设备技术和人员，实现服务工作的长效运行。

三、构建数字政府，完善机制保障

首先，构建数字政府应实现数据的共建共享。对于数据的存储，应保障其绝对安全。由于数据要素本身具有虚拟化等特点，而公共数据又具有公共性，对数据的存储和应用提出了更高要求。公共数据安全关乎国家安全、人民安全，如果数据存储和传输过程中风险很高，安全性很小，则极容易给不法分子可乘之机，使其侵入政府数字平台，窃取若干关键数据，经济社会的发展就失去了保障。具体而言，推动数字政府的构建可以从以下几个层面着手。其一是依据业务需求、敏感程度等，对数据进行分级分类，设置不同的系数密码。其二是做好相关部门的数据排查、备案工作，将职责落实到部门人头，制定明确的奖惩措施，以此压实相关人员责任，做到层层落实。其三，对数据进行全生命周期管理，要求相关人员严格按照规章制度操作，包含数据的使用、加工、传输等方面，依托信息技术对其实施动态化的监控，并制定有效的风险应急预案方案，加强应急管理。

其次，数字平台的共享功能应进一步开发。技术是实践活动的基础，其不仅推动各项活动的有序进行，还支持实践目的的达成。在数字政府运行的过程中，数字平台发挥了不可忽视的中间作用，承担了重要使命，实现了各个部门数据的交流共享，为此，政府部门应做好其功能的升级应用，发挥公共数据的集聚效应，使海量数据能为政府部门的决策服务。与此同时，为了发挥数据的应用价值，政府应利用技术识别数据，畅通数据传输渠道，确保其建设效能；构建完善的责任清单，列举数据目录，以此提高公共数据精准化的管理水平，消除部门之间的信息壁垒，实现公共数据共享利用。

再次，挖掘政务信息化新功能，推动数字服务软硬件迭代。在信息化时代下，推动相关服务工作转型升级，需要在供应端持续发力。数字政府构建之后，推动政务信息化创新，政府部门应积极承担自身职责和任务，结合当地实际情况，制定战略目标和实施方案，充分发挥信息技术的应用优势，发挥数字政务资源的根本优势，从顶层优化设计，全方位建设好智能计算中心，与各类数据库相结合，打造"超级大脑"。与此同时，建设和数据传输使用平台运行机制相符合的供应端，持续加强应急管理能力。在保障运行效能的前提下使用低能耗、低成本的设施设备，实现绿色发展。

最后，应用科学技术驱动数字化政务新引擎。在数字政府的发展过程中，数字技术的应用优势很大，发展空间很大，有利于落实数字政府的相关决策。与此同时，国际社会形势不断变化，各种突发情况不断发生，我国政府应持续提高应对突发状况的能力，制定各种应急方案和手段，以便积极应对各类风险挑战；驱动数字化政务发展新引擎，建立专门的数字化政务协调联动机制，通过全方位的信息收集、意见反馈等，将数字政府建设向基层延伸，深入到群众中去，加大宣传普及力度，使数字化政务发展深入人心；发挥数字技术的联动效应，实现多个空间层面的协调统一，针对各类潜在风险进行分类，制定预警机制，开发政府数字技术的"神经网络"并使其切实发挥作用。

四、营造数字生态，提供良好环境

数字社会建设背景下，首先，要加强数字领域的基础立法，通过完善的法律制度，以此确定数据要素的市场规则，为各个行业的数字化发展创设良好环境，确保各个企业单位的有序运行。经济发展程度和社会发展背景在一定程度上推动了科学技术的飞速发展，数据是技术发展的直接产物，其不仅体现了技术发展的水平，还彰显了该国家、地区的经济发展水平。同时，公众化的民主参与也推动了技术的改革创新，使得市场变化更加迅速，数字经济发展进程加快。数据要素市场的法治化，不仅能促使市场健康发展，降低各类风险隐患，还符合经济发展规律，有助于政府部门预测数字经济的发展趋势，并制定战略目标和具体方案。加强数字领域立法，还能维护市场信任，保障社会稳定，政府部门不仅要结合实际情况，在现有的基础上完善法律内容，细化各项条例，如《个人信息保护法》《网络安全法》等，还要做好对现行法律的严格落实，一切按标准执行，持续提高法律的权威性。除此之外，法律覆盖面应扩大，渗透到各个数字安全领域。

其次，要加强数字领域政府监管。数字技术的发展并不是完全自由、缺乏规范的，如果失去了监管，则会产生诸多负面影响，偏离原本的发展路径，甚至起到相背离的效果。基于此，我们要加强数字领域政府监管，从多个层面着手，结合政府工作效能，全面促进其建设能力提升。从实际情况来看，数字领域政府监管有助于消除信息壁垒，畅通信息传输渠道，重塑政府监管过程中的价值理性。同时，政府部门应积极做好调研工作，充分收集相关数据资料，了解各个主体发展中存在的问题，收集不同主体的意见和建议，形成对应的反馈机制，并结合信息技术精准分析数字领域风险产生的问题和成因，有针对性地制定优化策略，共同构筑新时代社会全方位发展的数字生态。

再次，营造数字生态，需要积极打造规范有序的政策环境，加大执法力度，杜绝垄断与不正当竞争。技术发展历经多年，见证了人类社会的发展，也是社会建设的缩影。在市场经济发展进程中，数字经济领域是重要的组成部分，受多方面因素的影响，部分商家为了获取更多的经济利益，依然存在垄断、不正当竞争的现象。针对存在的垄断和不正当竞争行为，政府部门应积极作为，结合当地实际情况，及时介入和干预，出台对应的法规政策，制定完善的奖惩措施，依法落实责任，依照《反垄断法》与《反不正当竞争法》，加大数字领域执法力度，在提高数字政府建设效能的基础上，进一步营造良好的数字生态。

最后，积极营造数字生态，必然要构建网络安全保护屏障，通过技术升级和创新，持续提高网络安全保障能力。为了保障我国网络安全，技术上要避免单一性，规避功利主义技术观，结合实际情况，坚持技术的人本向度，跳出技术陷阱，在不违背规范的情况下，综合考虑相关影响因素，不断积累更多的建设经验，遵循法律制度，主动防御、实时监测，将可能发生的风险隐患遏制在萌芽状态。同时，在数据传输过程中加强模型测试、运营监控，通过系列加密技术确保数据传输的安全可靠，并明确对应的销毁安全工作，全方位实现网络安全领域常态法治化。

理论篇

第三章　数字社会学的兴起与发展

第一节　数字社会学的兴起与发展

2009 年，乔纳森·韦恩在《社会学论坛》上发表论文，正式提出"数字社会学"这一新概念，并详细阐述了自己在社会学研究和教学中如何运用数字技术，强调这一新现象需要社会学界进一步研究和探索。自此以后，随着全球数字技术的快速发展，人类社会迅速进入数字化新纪元，数字社会学成为一个重要而复杂的研究课题。同时，数字社会学的研究范围不断拓展，其理论框架和研究方法也在不断更新和创新，远超出韦恩最初提出该概念时的范围。目前，数字社会学已成为一门独立的交叉学科。

一、什么是数字社会学

(一) 数字技术与数字社会

随着计算机和网络技术的蓬勃发展，数字技术应运而生。数字技术以电子信息技术为核心，将计算机技术和通信技术有机结合，通过软硬件和各种基础设施，实现各种形式信息的数字化处理和高效传播。数字技术已经深深渗透到我们生活的方方面面，成为影响和改变当代人类文明进程的关键因素之一。数字技术的出现和长足发展标志着人类科技史上一个关键的历史时刻，它对整个人类社会都带来了深刻而广泛的变革影响。在这个历史进程中，计算机技术发挥着举足轻重的作用，成为推动科学技术取得进步的主要动力之一。一些计算机科学领域的权威专家曾经预测过，人类必将步入一个以泛在计算为主导特征的新时代，在这个时代里，数字技术将与人类的日常生活深度融合，其广泛应用的程度之深入和频繁，很可能会超出许多人的想象。在这个数字化时代，人们将不再满足于简单处理文字或图片等信息，而是迫切需要更快、更好地获取新知识，以应对瞬息万变的社会环境。一些学者还强调，各种传播媒介都将被迅速数字化，计算机终将具备人脸识别和语音识别等智能交互能力，深刻改变人类的生存方式和社会形态。令人惊叹的是，在过去短短的30年里，当年那些被许多人视为不切实际的预言已经逐一成为现实，预示的数字化场景也已成为人们日常生活中见怪不怪的常态。

前面第二章谈到，随着数字技术的飞速增长，我们已经全面步入一个崭新的数字化时代。数字化时代已经成为全球各国推动经济社会发展的重要战略机遇期和新的增长点。在这个时代背景下，数字经济已经成为推动经济社会实现转型升级和创新驱动的重要引擎。我们可以看到，数字设备如笔记本电脑、平板电脑、智能手机和智能手表等已经深深根植于人们的日常生活之中，它们帮助人们获取信息、建立社交联系、开展消费和娱乐活动，并积极参与公共事务，从而改变了人们的思维方式和行为模式。这种深刻的数字化变革不仅彻底重塑了我们社会生活的方方面面，同时也引发了广泛而深层的社会转型效应，它们深远地影响着社会的政治、经济和文化等各个领域。一些学者指出，当我们如痴如醉地沉浸于智能手机等数字技术应用之时，我们所处的世界正在悄然发生变化——数字技术不仅重塑着人类的语言和社会制度，还将对整个地球产生深远的影响。从这个意义上说，数字时代标志着一种崭新的社会状态，一个由数字信息技术所主宰和驱动的全新数字化社会生存方式已经展现在我们面前。综上所述，数字技术的进步和数字时代的到来为社会学提供了一个广阔的研究空间，同时数字化进程也对社会学学科产生深远的影响，并提出了一系列亟待解决的重大理论课题。面对数字技术引发的社会转型以及数字社会所带来的新挑战，社会学研究必须进行更深入和全面的探讨。正是在这样的大背景下，数字社会学这一崭新的交叉学科应运而生并逐渐成熟和发展。

（二）数字社会学的研究范畴

"数字社会学"这一术语最早在 2009 年被提出，并逐步获得了国际学术界的广泛认同。数字社会学家认为，社会是一个以数字化为主要特征的动态系统，在这个过程中，人类的行为方式也在发生深刻的变化。在短短的十几年时间里，数字社会学获得了极迅猛的发展，大量的专业著作陆续面世，极大地扩大了数字社会学的读者群体和影响力。与此同时，数字社会的蓬勃兴起也为数字社会学本身提供了新的发展机遇与空间。在这样的背景下，全球众多社会学会纷纷专门建立了数字社会学的研究分支机构，同时，许多高等院校也开始开设与数字社会学直接相关的各类学位和课程。可以说，数字社会学已经成为当代社会科学发展过程中最引人瞩目的前沿领域之一，同时也是当前全球社会学家最为关注和讨论的热点学科之一。在全球范围内，数字社会学的学术团体正逐步形成和壮大，与数字社会学相关的各类研究工作也处在稳步增长当中。数字社会学家们通过对传统社会学理论范式进行批判性反思，不断拓展数字社会学的理论视野和研究范围。

尽管"数字社会学"这个术语已经得到了全球学术界范围内大多数学者的广泛关注和承认，但学术界对这一概念的内涵还没有达成统一和清晰的共识。一种观点认为，数字社会学只是社会学这个大学科下的一个分支学科，如果社会学作为一门学科要在 21 世纪继续获得蓬勃的发展，那么它就必须具备对数字革命和数字化转型过程进行深入理论阐释的能力，并在多个相关研究领域做出积极的响应。另一种观点认为，数字社会学应该被视为一个新的兴起的交叉学科，它可以从多个不同的视角来解释和阐释人类的社会生活以及社会变迁的本质。这两种观点都存在一定的片面性，事实上，数字社会学与社会学之间既存在密切的联系，又具有其独特的学科属性。

尽管数字社会学的具体研究领域存在争议，但大多数学者还是认可它拥有几个核心的研究领域。数字社会学主要关注数字技术是如何塑造社会结构和社会关系的，以及数字技术的发展与应用又是如何受到社会环境各种因素影响和制约的。从学科的属性和性质来看，数字社会学可以被视为一门通过观察和研究数字技术发展，来解释和阐释人类行为方式变化的新兴学科。除了"数字技术与社会"这一核心的二元关系，一些学者还提出数字社会学的研究视角可以拓展到"数字技术、社会与知识生产"三者之间的关系，涉及数字技术领域中有关社会实践、知识生成和传播等方面内容的探讨。数字技术的广泛应用不仅深刻地塑造了我们的社会生活和知识创造过程，其独特的交互性和普适性还使得基于数字技术的学术研究更易与社会实践及干预相结合，这为三者之间的互动合作创造了崭新的契机。数字社会学作为一门新兴学科，不仅高度关注这种全新可能性的出现，还对其背后知识生成过程进行了批判性的思考和反思。此外，一些学者还试图从跨学科的视角来探索数字社会学的内涵与外延。他们认为，数字社会学的研究范围还应更为宽泛一些，比如，数字社会学的核心在于研究信息和数据流的运行逻辑以及它们的管理和应用方式；数字社会学也可以被视为一种跨学科的理论范式，它将社会科学中原有关于权力结构和政治关系的讨论视野拓展到对人类行为模式和社会交往方式等其他方面的思考。从这个意义上说，数字技术不仅是数字社会学研究的核心焦点，它本身也可以作为一种研究工具或者公众参与的平台，被纳入数字社会学的研究范围之内。而对于第二个问题，研究数字技术本身及其相关的社会议题应该是数字社会学最基本和核心的领域。

为更好地对数字社会学进行明确的定位，本书在广泛参考学界已有相关论述的基础上，试图从"数字社会学是什么"这个基本问题出发给出以下定义：数字社会学可以被视为社会学的一个子领域或分支学科，它采用社会学的基本视角和研究方法，深入探讨数字技术的发展和应用如何影响人类的行为方式和社会的运行模式，以及数字技术与社会环境之间的复杂互动机制。需要说明的是，这种定义主要基于数字社会学当前发展阶段的学科属性，随着研究视角的扩大，人们对它内涵的理解也必将随之不断拓展和丰富。

二、数字社会学的理论

(一)全球信息经济与产消合一

数字化信息正在逐步转变为经济生产能力的核心组成部分。随着大数据技术的应用不断成熟,人类社会已经开始进入一个"产消共融"的新阶段。在各类社交媒体平台上,人们的日常交互行为已经能够产生海量的数字化数据集,普通用户的点赞、评论等社交活动,正在被平台公司进行商品化处理,逐步获得了钱财价值。产消的合一,标志着人类社会从工业时代进入信息时代,也是人类对自身生产生活方式进行的一次重大变革。这一全球性的信息经济模式催生了一种崭新的数字化活力,这意味着信息和数据本身已经开始拥有了其固有的价值,而生产过程与消费过程的紧密结合,则成为推动和带动全球信息经济得以快速发展的主要力量。用户作为生产和消费的融合体,其在价值创造或主导价值创造过程中所起到的积极作用,已经成为全球信息经济发展的一大显著特征。

产消合一的本质在于它体现了用户在享受各种网络服务和消费数字产品的同时,也在潜移默化中为企业创造了价值。从数字营销的视角来看,它的目标就是将企业或组织的产品信息有效传递给潜在的消费者,并通过分析用户对产品和品牌的各种态度反馈,来影响和左右用户的实际购买选择。从价值创造的角度出发,我们可以看到,当用户利用数字设备进而获取数字服务时,他们在这个过程中会主动或被动地产出大量关于自身喜好、习惯和看法等方面的个人信息,这些数字化的用户信息可以被企业用于精准的市场细分、目标人群定位以及商品推广和广告等商业运营之中。"数字企业家们正是通过收集和分析用户的各类反馈,来影响和左右消费者的购买意向和购买决策,并在此基础上制订自己的商业计划和获利策略。"而用户会根据个人对某类产品或服务的喜好,自主和主动地搜索并购买自己想要的商品。因此,在这样的购买过程中,用户每一次点击都有可能被商业算法捕捉并分析,从而为企业创造一个向外输出的商业价值。

从价值创造的视角来看,大量的网络用户热衷于通过各种形式创作内容,例如撰写商品评论、发表个人感言,或者创建各类粉丝讨论网站等,同时其他用户对这些内容的认同和欣赏也逐渐成为内容产出和整合的一个核心环节。在这些内容产出中,有一定比例是用户自发创建和分享出来的。这种用户的内容创造性活动和相互交流互动的行为,已经成为产消结合这一趋势中的关键组成部分。当用户被各种因素诱导,而向其他用户或观众透露展示其私人生活的某些细节时,其他的观察者们则拥有选择对这些内容进行评论或以其他方式表达出自己的认同或反对的权利,例如通过"点赞"或"转发"等各类互动方式。这些互动体现了用户在参与价值创造过程中所表现出的主体性和自主性。因此,当创作型用户积极引导观察型用户进行互动,或受到被观察用户的鼓励参与价值创造时,我们便可以采用福柯的"自我塑造"理论来对这一过程进行理论化解释。

(二)作为社会物质客体的数字技术与数据

社会物质客体的观念源自科学技术研究领域的社会物质观点,它强调了数字技术在社会中的构建作用,关注数字技术对社会的影响,以及数字技术和数据运行所需依靠的物质基础。

作为一种新型媒介,数字技术对人类实践活动产生了深远影响,并以其自身特有的属性去影响人们的思维方式、价值取向和行为模式。数字技术与人类共同构建了一个紧密相连的网络,两者是不可分割的。网络中的每个参与者都是在与其他参与者的相互联系中共同塑造彼此,并通过虚拟的网络世界而不是仅仅依靠物质世界来实现自我价值。

数字技术和数据的运行都依赖于物质基础的支撑,数字技术对社会发展具有重要作用,但其负面效应也不容忽视。电力基础设施和计算机网络是数字技术能够运行的基本物质需求,但许多地区仍无法满足互联网的接入条件,这加剧了数字鸿沟的问题。数字技术通过改变生产方式和生活方式,导致经济结构和社会形态发生深刻变化,产生"数字化效应"。数字技术的发展也揭示了不同地域之间存在的不平等现象和差异。此外,数字技术还可以在全球范围内快速传播，改变人们对知识和文化的理解，对传统文化产生冲击。数字技术的物质属性也影响着数字数据的存档方式，使人们思考如何界定网络用户的"被遗忘权"等问题。

(三) 新型权力形式与数字监视

数字监控和网络技术正在塑造人们的生产、生活和思考方式，计算和媒体无处不在，政治也无处不在。监控对象包括各类媒体平台，这种政治影响力可以通过数字监控和社交媒体来实现，并渗透到日常生活中。监控有自上而下的监视和自下而上的逆向监视两种方向。在自上而下的监视中，政府和企业是主要监控者。在自下而上的监控中，企业占主导地位。政府利用闭路电视等进行安全监控，企业则利用新兴媒体监测用户。企业不仅激发用户创造力，还从用户数据中获利。在逆向监视中，大数据分析成为企业的重要监测手段。

具体来说，在自上而下的监视中，勒普顿区分了基于互联网的"软权力"和"硬权力"。"软权力"通过感知影响人们生活，大数据在其中发挥代表性作用，大数据分析为用户提供个性化服务，增强感知能力。在大数据时代，数据成为一种工具，通过算法构建而非人工生成。作为技术装置，数据生成过程会受到一定程度的控制或影响，主要体现为操纵和支配人的主观意识。在浏览信息、购物和了解数据时，人们失去主动性，难以掌控数据的生成和使用，不自觉地被数字影响力支配。因此，数字技术成为"软权力"的载体。

在逆向监控中，普通民众是主要对象，其不仅包括公民互相监视，也包括对权力者的监控，这些监视方式也可通过公众媒体和自媒体予以强化。例如，在粉丝文化中，大众对少数群体进行"宏观观察"，自愿在社交媒体注册，进行"参与式信息监控"等，这都是公民通过网络和手机进行的"自说自话式监视"。这增强了公民的权利意识和自我约束能力。这种民主监控赋予公民更多监督权，为其在数字公共领域积极参与创造了条件。

(四)数字具身化理论

人造产品作为一种特殊的商品,在制造和生产的过程中被赋予了社会、文化以及个人层面的意义,它既是满足人们基本需求的物质载体,也是实现人与人之间交流的媒介。当人们进行消费时,通常涉及人类如何将某一对象融入日常生活中并不断从客体中抽离出个人特征或者"自我",通过消费、整合和驯化客体,将其融入生活、身体与自我之中,并赋予它们独特的个人意义。这种从自然对象向人的转变,不仅由人的内在结构决定,也受到数字技术发展的影响。随着数字技术的发展,人与数字设备之间的关系日益紧密,人不再简单地依赖机器完成任务,而是开始主动参与其中,并以新的方式感知世界。当人与数字设备交互时,他们会在意识或潜意识层面上产生具身化的互动和情感反应。

在数字环境中,用户可以选择匿名或拟人化的方式展现自我,与他人建立情感连接,这种连接可以是正面友好的,也可以是负面对抗的。用户通过数字设备表达自我,获得认同感。同时,他们也会受到算法和平台规则的约束和影响。

三、数字社会学的研究对象与方法

(一)数字技术使用与数字社会不平等

数字技术作为一种工具或手段,为人类提供了新的交流平台。因此,当学者在分享数字技术带来的机遇时,常聚焦于民主参与和社区建设等积极意义,往往忽略了数字技术应用所蕴含的政治维度。它不是一个中立的存在,其中含有与性别、社会阶层、种族、民族和年龄相关的意义。当我们面临数字技术的挑战时,需要深入思考它是真的缓解了社会不平等,还是加剧了这种不平等。

首先,数字技术的多元化应用在一定程度上缓解了社会不平等。数字量化研究使学者通过分析大量数据获取自身所需信息,提高了工作能力和效率。勒普顿认为，学术界通过数字化数据的收集，可以帮助学者抵制被边缘化的风险。在数字时代，学术评价标准发生变化，缩小了群体间差距，改变了学术权力格局。例如，引用次数或 H 指数等量化指标，为年轻学者和处于弱势的女性少数群体提供了学术发展和影响力的支持。此外，数字技术让弱势群体获得更多话语权，他们可以利用数字技术的中立性和强大能力，反对歧视。

其次，数字技术的应用也加剧了社会的不平等。教育程度较高的数字技术使用者更倾向使用社交媒体传播信息，教育程度较低的用户更倾向在社交媒体和网络游戏上花时间，而非自我提升。此外，数字技术本身的局限性使其难以改变人际关系和态度，一些数字技术的使用也会影响弱势群体的日常行为，导致他们在社会生活的另一维度被边缘化。

(二) 数字政治及数字公共参与

社交媒体的广泛应用增强了各类主体基于政治动机的参与度。在数字技术条件下，人们采用各种不同方式参政，包括直接或间接获取信息、获得利益以及表达情感。政府可利用数字媒体提升工作效率，公众可以通过开放数据活动和采用逆向监控策略强化政治参与。在数字时代，人们对社会问题的关注度提高，这有助于改善公共政策设置和增强民主意识。从积极角度看，数字技术为各主体的政治参与提供了有利环境。从消极层面看，数字技术在一定程度上影响公共领域，削弱了公众的话语权。从政治实体视角看，政府推动开放数据运动，通过数据档案披露自身政治运行过程。此外，开放数据运动还让人们了解政府采取何种手段解决难题，使公共决策更加科学有效。从社会组织视角看，许多组织帮助人们学习并运用数字数据进行政治活动，为利用社交媒体数据奠定了技能基础。从政治传播角度看，社交媒体使政治议题在网络空间广泛传播，具有共性的社群已形成政治影响力，如匿名者联盟、女权倡导者等，这些群体利用社交媒体对政治人物施压，推动政策改革，从积极影响看，这可以帮助政府了解民意，改善公共政策过程。

在数字监控时代，人们被迫重新定义隐私观念。尽管大数据强调透明度，但许多大数据收集者没有透露收集方式和目的，人们难以从海量数据中提取有用信息，也难以评估数据价值、重要性和准确性。在这种情况下，社交媒体成为获取个人信息的重要渠道之一。人们可以利用社交媒体进行各种形式的骚扰、操纵、跟踪等，这将导致谣言和虚假信息的产生，对治理构成隐患和困境。

（三）身体与自我

在应用数字技术的过程中，人们创造了各种不同的方式来实现自我或身体的数字化表达。数字技术和数字社交网络为我们提供了展示和塑造人的身体和自我认知的平台，可以帮助人们进行自我认知并建立自我身份认同。但在使用社交媒体时，人们可能会遇到一批与数字监控相呼应的潜在观众，他们可能影响用户的自我表达和个性塑造。在社交媒体上，我们时常看到用户上传的各种有趣图片、视频或视频片段，这些视觉内容被视为用户自我呈现的一部分。人们在发布内容时，渴望展示自己的"品牌形象"，会通过自我审查来控制和调整内容，在社交媒体上展示理想的身体或自我。当我们试图从社交媒体获取更多信息时，需要通过观看他人行为来获得相应的反馈。这种观看行为是互相关联的：人们希望他人关注并评论自己内容，也会对社交媒体上的人或朋友进行类似互动，如上传自拍照，这些行为也可能是维系用户间情感交流的方式。因此，研究社交媒体中观看者的自我控制，对理解人的社会生活意义非常重要。另外，随着数字可穿戴设备种类和数量的快速增长，其量化实践也日益普及。

（四）数字社会学的研究方法

研究数字社会的方法不仅仅是一种工具，也是一种理论上的探讨。当我们利用这些方法探究数字社会现象时，方法本身也应成为研究关注的焦点。数字社会研究方法应当包括测量、描述和分析等多种途径。社会学家需要深入研究用于数字社会研究的各类技术，持续探寻这些技术如何塑造和解释所产生的数据。在数字化时代，我们有必要对数字社会研究方法进行重新定义，超越传统理论与方法的二元划分，采纳更加理论化的研究方法。

数字社会学作为一个新兴的交叉学科，它与其他社会科学有着广泛的联系，它采用了多种研究手段，传统的定性和定量研究方法仍然适用于数字社会的探讨。在一些新出现的技术面前，基于计算机的定量分析也成为可能，传统的研究手段也在朝着数字化方向发展。此外，还有些新兴的研究方法正处于起步阶段，定性研究可以借助在线工具和数字设备进行，定量研究方法也在持续扩展和创新。通过数字研究方法，我们可以将来自不同渠道和多种形态的数据进行整合、叠加或合并，由此产生全新的知识体系。从这个意义上说，定量研究已成为一种趋势。基于传感器技术的设备和可视化工具可以与其他类型的定性数据相结合，共同绘制丰富的社会生活画卷，视觉社会学和民族志挖掘都是定性研究进一步发展的成果。

数字社会学也能利用数字技术生成的存档数据来进行深入的社会研究。这类学者通常从计算机互联网时代开始关注并研究数字社会学。他们通过收集、分析或爬取网络数据等方式获得信息，这些方法已经为社会学界所认可并成为重要的分析手段，在社会学领域得到了广泛的应用。但是，数字数据分析也存在局限性。比如，社会学者获取和分析数字数据的机会是有限的，数据访问权限也逐步受到限制，数据分析的可信度及有效性存在疑问，数据的社会语境特征也不同等。因此，他们往往只将注意力集中于那些"大而全"的数据之上，而那些小、深、厚、宽的数据，则代表了对"大数据"分析的一种反思，这些都在不同程度上影响着社会学的发展。从宏观的角度来看，利用数字数据进行的研究方法为社会学研究领域带来了崭新的视角，被视为社会学创新的一种重要手段。

四、数字社会学的六大研究主题

(一)数字经济与生产

当社会学初创之时，面对机械化大生产给经济社会带来的巨大变革，许多经典理论家纷纷进行了深入的反思。随着工业革命时代的到来，社会学界开始重新审视技术进步与社会关系之间的关联。其中，马克思对技术创新引发的劳动流程和生产关系的转变进行了系统而深入的分析，也吸引了后来的社会学家们对劳动问题给予持续的关注。数字社会学作为一个新兴学科兴起之后，学者们又从不同的角度对数字化时代劳动力所呈现出来的新情况展开了广泛的研究，并形成了许多新的理论成果。如今，数字化技术已经在生产流程中得到了广泛而深入的运用，这不仅为经济增长做出了积极的贡献，同时也引发了一系列深远的社会变革。数字社会学对这一主题进行了初步的探究，主要集中在三个核心的领域：首先是数字技术引发的新型经济模式，以及传统产业生产模式的演变；其次是劳动者工作环境的转变；最后是新型劳资关系的形成，以及数字经济环境下"产消合一"的现象和潜在的新型剥削方式等相关问题。

(1)数字技术的普及推动了新型经济模式的形成。在数字经济的背景下，传统的商业模式受到了巨大的冲击，新型的数字平台逐渐成为推动经济发展的新的动力源泉。随着数字经济的高速崛起，依托互联网和各类网络平台的网约车、在线销售和短视频等业务领域，吸引了大量的就业机会，这种颠覆性的经济策略蕴含着极其深远的变革潜力。相比传统的企业运营模式，数字平台有助于大幅降低交易的成本，减轻市场的压力，从而形成一个"微型企业家"之间关系密切的经济格局。普通公众也有机会通过数字平台来提升物品的闲置价值，并从中获得一定的收益，这为一些原先较难进入劳动力市场的群体，创造了更多的就业机会。

数字技术的应用还推动了传统产业的生产方式的演变升级。随着计算机技术、通信技术以及互联网等高新技术在各个行业中不断地深入应用，人类社会已经全面进入了一个以计算机为基础的数字化时代。随着人工智能和自动化技术的长足进步，机器设备将主导越来越多的工作岗位，其中受冲击较大的行业包括农业、运输业、基础制造业以及某些服务业。在这些领域中，由于劳动力成本不断提高等原因，企业为减少对劳动者数量的依赖，被迫使用新技术，从而大大减少用工需求。此外，一些高度技术化和专业化的职业也受到不同程度的影响。例如，新闻编辑业务在新兴媒体技术的冲击下，其职业角色也在发生变化。传统的新闻产业正在经历深刻的变革，新闻制作的流程也在被重塑，一些媒体机构开始采用算法来取代传统的人力资源，而体育和金融类新闻也实现了计算机自动化生产。在这些变化中，新闻从业者需要既作为信息的提供者，也作为传播者，及时对新科技做出回应以适应这一新时代的要求。随着数字技术的推进，传统新闻业的门槛也在降低，公众逐步被纳入新闻内容制作之中，这促使新闻工作者通过其他方式进行新闻报道，并与公众建立更深入的合作。

（2）数字经济的兴起推动了劳动者工作环境的变革。在数字经济形势下，劳动者获得了更加广阔的就业选择空间，劳动力市场结构遭到冲击，灵活就业和零工雇用已经逐渐成为一种新的工作方式，这无疑提高了劳动的灵活性，但同时也带来了更大的就业不稳定性。平台工人通常具备流动性强、收入较稳定以及受教育程度低等特征，然而这些特征也导致他们的劳动条件相比其他群体而言更为艰辛。由于各数字平台之间存在竞争，加之价格竞争和交易量的增加，工人的工作环境可能受到负面影响，而数字平台则会以签订临时合同的方式来减少工人应得的福利和劳动保障。研究表明，平台员工与雇主之间存在信息不对称的问题，这导致工人的劳动权益遭到不同程度的损害，也影响了他们在数字经济中本应享有的权益。伍德等人观察到，在数字平台上，通过算法建立的奖惩制度允许消费者对平台员工的服务进行评分。然而，为了争取更高的声誉评价，平台员工可能会面临加班、通宵达旦以及过度劳累等种种不良后果。当然，一些研究也指出，这样的描述过于片面和简略，没有考虑到数字平台和劳动者之间的差异性。比如，对于那些依赖数字平台来获取额外收入的劳动者，他们在工作的独立性、薪资待遇以及对该平台的满意度方面都表现得相当出色；而对于主要依靠这种方式获得基本收入的劳动者来说，他们的工作稳定性相对较低，因此也更有可能对所在平台产生强烈的不满情绪。

此外，数字技术的应用也促进了新式劳资关系的形成。数字时代下的新型劳资矛盾冲突，应被视为一种"数字化"与"网络化"特征的互动过程。

数字化平台通过对工作流程进行大范围的拆分和精细化处理，有效降低了劳动力更替的成本，但同时也导致对工人的内在权益保障不足，使得劳动者在社会中的地位变得比过去更加脆弱。随着各种数字平台的蓬勃发展，工人之间逐渐形成了一种全新的合作网络，这种合作不仅建立在经济利益的基础上，也蕴含着政治参与的深层意义。然而，随着平台工人向原子化和相互隔绝的状态演进，他们组织内部的团结统一以及开展集体活动也面临着越来越多的艰难挑战。尽管如此，数字技术为工人提供了参与社会治理的新渠道，使他们有机会与资方形成良性互动，从而带动了劳资纠纷解决机制的进一步发展。

（3）"产消合一"的做法导致更隐蔽的剥削形式出现。在数字经济的背景下，个人用户正在从仅仅是消费者或生产者的单一角色，逐步向一个集消费者、生产者与传播者于一体的多重角色转变。随着社交媒体技术的蓬勃发展，"产消合一"的现象也日益普遍。广大的用户群体在享受网络休闲娱乐活动的同时，也开始积极投身于内容的生产与传播，他们通过大量无偿的"产消合一"活动，为数字平台创造和贡献了大量的商业信息资源和巨大的利润增长空间。这些"产消合一"的用户依托互联网平台，通过各种新媒体手段传播自己的消费体验，形成一种"共享文化"，并将这种文化进一步传递扩散到整个社会之中。一部分用户通过周期性的记录和分享自己的日常生活点滴，逐渐崭露头角、成名，被称为"网红"或"微名人"。这些用户不仅是简单的"网红"，更是一个集"网红""微名人""粉丝"乃至"粉丝明星"于一身的多重角色。在塑造和包装自己的个人品牌形象时，他们实现了一种"自我商品化"，并需要承担包括情感劳动在内的多种隐形劳动。这些"网红"或用户在数字经济时代获得的收益与其参与数字内容生产和传播的程度密切相关。学者福克斯认为，用户的"产消合一"行为应被视为一种数字化的新型劳动形态，这种劳动与家庭内部的家务劳动相似，大部分工作都是在用户的网络休闲娱乐时间内完成的，没有获得任何经济报酬，但却为平台创造了大量的商业剩余价值，因此很难被现有体系接受为一种"真正的劳动"。"数字经济"作为一种融"虚拟资本""网络关系"和"信息传播技术"于一体的全新经济形态，在其环境下，剥削不仅存在且非常普遍，并且呈现出更为隐蔽的特点和形式。

(二) 数字政治与权力

当前，数字社会学研究的核心焦点主要集中在数字社会中存在的全方位监控及监控权力的流动属性、算法的非中立性、数字环境下的政治参与、数字治理所面临的深层挑战四个关键领域。

(1) 数字化社会为各类行动者提供了全方位的监控手段，同时也呈现出权力属性更加流动的特征。在数字社会中，行动者不仅拥有自己相对独立的话语空间，还可以通过与外界的交流互动获取各种信息，并将这些信息反馈用于完善自身。在高度数字化的社会中，通过移动通信工具、社交媒体以及无所不在的数据收集工具，我们能够实时动态地对参与者进行深入的监控。在此基础上形成的网络监控系统，可以将整个世界都纳入一个统一的控制框架之下，使人们能够更加便捷地获得各种信息并做出决策。与过去的监视方式相比，数字监视技术因其监控范围广泛、可以跨越时间和空间限制以及监控手段高度隐蔽等特点而与众不同。起初，数字化监控主要是由政府或其他权力机构出于管理和规范化的目的而对公共数据进行收集，属于少数人对多数人的监控。后来，数字监视的范围扩展到了企业和个人层面，并在许多领域发挥着重要作用。随着数字技术和互联网的广泛普及和应用，公众不再仅仅是被监控的对象，也逐步转变为可以对其他对象进行监控的主体。在数字环境中，公众可以根据自身的需要，选择不同的方式和对象来进行监视。例如，在社交媒体平台上，公众可以对政治领袖进行监控，实现多数人对少数人的监视。通过社交媒体快速传播各类信息，公众可以在很短的时间内迅速获取到自己感兴趣的内容，并可立即将这些信息发送给其他人，从而达到监视和传播的目的。在这些社交媒体平台上，主体之间的相互监控关系仍然普遍存在，人们不仅可以随时获取他人的最新信息和状态，自己也会受到他人的关注和监视。这种"多中心"的网络监视方式，在很大程度上消解了传统意义上的国家权力控制模式，公民可以更多地参与到公共决策之中，并获得与之相适应的权利保障。显然，在数字化社会背景下，监控不再是权力者拥有的单向操作工具，它已经深刻地渗透进人们的日常生活之中。

（2）作为数字社会运转的关键基石之一，算法本身就呈现出非中立的特性。在互联网技术蓬勃发展和逐步普及的过程中，驱动网络运作的算法体系也在不断地产生新的变化。例如，由于算法的权威性和规范性，人们的生活方式在不同层面上都会受到算法设计的制约和影响。在数字技术日新月异、更新换代迅速的今天，算法的使用与传播已经成为一种新常态。以谷歌搜索引擎的算法为例，在其特定的算法逻辑设置中，总会有某些信息被优先展示和传播，而其他信息则难以获得推送。因此，算法的设计对于整个网络世界的信息生态来说，是一个潜在而又巨大的风险因素。网络营销公司往往利用复杂的算法程序来观察、分析和识别人们的网络生活，并通过对匿名用户行为数据的深入分析来实现商业利益的最大化。从一定层面上看，人们显露出的信息属性实际上是由其在网络环境中的各种行为模式决定的，然而，个体几乎不可能预测出这些复杂的行为数据将会被算法这个"黑箱"处理和运用。

（3）在数字化社会的背景下，特别是数字技术和社交媒体的普及，深刻影响和改变了人们的政治参与方式。数字媒体为广大群众提供了更加便捷和开放的政治参与渠道，数字技术使公众可以获得更加多元化的信息来源，从而也促进了公民对各种政治议题的广泛讨论。尽管互联网应用已经非常广泛，但它并未能完全消除政治参与过程中一直存在的结构性不平等现象，因为在现有的政治和经济体制下，掌握网络走向的群体通常处于更加有利的位置。此外，网络上的意见领袖也可以高效地影响和引导人们的社会交往模式以及舆论走向。

（4）数字技术已经成为当代社会管理的核心工具和手段，主要体现在两个方面：一是通过信息技术手段对公共领域进行数字化改造。这体现在政府部门利用数字技术提升公共服务效率，以及建立面向公众的数字化公共服务平台。例如在突发公共卫生事件中，政府可以与公众通过数字平台进行信息互动，以便快速识别风险并制定应对措施。二是制定法规政策来规范数字技术的应用，并通过监管来引导其健康发展。在数字化社会下出现了许多新问题，而数字技术自身的缺陷使其无法完全解决这些新问题。比如社交媒体扩大了谣言的传播范围和影响力，因此政府层面需制定法律法规进行管控。同时，针对互联网企业利用算法等技术进行用户"个性化"服务也需要进行监管。总体来说，数字治理在利用数字技术改造公共服务和规范数字技术应用两个方面都面临重大挑战，一是数字领域"利维坦"式的权力失控；二是推进数字市场竞争和平台监管的困难，这需要政府和社会共同努力，通过法规、监管和技术创新等途径不断完善数字治理。

(三) 社会关系与互动

社会学家始终将社会关系和互动的研究视为他们的关注焦点。互联网时代下，人们生活在一个以社交媒体为代表的虚拟空间中，虚拟群体逐渐成为一种新型的社会结构形式。随着数字技术的不断普及，构建人与人之间的互动模式和社交关系的方式发生了变化，促进了网络社区的建立，为塑造集体的身份和意识开辟了新的途径。

1. 随着数字技术的广泛应用，人与人之间的交互方式以及社会关系的构建都发生了革命性的变化

在社交媒体平台上出现了各种新的人际交往形式，如视频直播、语音聊天等，这些基于虚拟的交流方式对人们原有的面对面交流模式产生了颠覆性的影响。过去，人与人之间主要通过线下的面对面方式实现交流互动，属于一种"有形的在场"，随着数字技术的进步发展，"在场"与"缺席"的界限变得越来越模糊，人们可以在身体"不在场"的情况下，通过数字媒介实现"无形的在场"，并与他人进行交流互动，这种依托技术实现的全新交往形式，与传统的面对面交流一起，共同构建起一种前所未有的"紧密连接"的社会关系网络。在数字技术高度发达的时代背景下，社交媒体平台上出现了基于位置信息的交互、基于内容的社交分享等全新的互动模式，这些新兴的虚拟互动不仅能够帮助用户维护与现有亲友的联系，还

能大大拓展社交关系建立的途径与范围。但是，在数字技术主导的交互过程中，人与人之间的关系可能会变得日益肤浅薄弱，即使交往变得更加频繁密切，人们在沟通和交流时仍可能感受到前所未有的孤独感。与此同时，突破时间和空间限制的交互作用也导致社会关系的种种界限被逐渐打破和削弱。网络社会为人类创造了一个更加自由开放的沟通场域，人与人之间的交流也变得前所未有的频繁多样。由于数字科技的广泛普及，人们的网上活动时间明显增加，工作和生活的界限变得不再那么明确，人们需要在多个身份和角色之间快速切换，这也带来了更大的心理负担。使用社交媒体无疑增强了人际交流的频率，并有助于优化人际关系。网络聊天使人们有更多机会参与社会公共事务，从而使社交媒体成为一个崭新的公共领域。同时，人们在社交平台上的各种点击、分享等公开行为，也主动突破了个人生活与公共生活的传统界限。这些变化使人们不得不更加重视自身隐私信息的保护。学界将其描述为"公众生活的私人化与私人生活的公共化"，这表明移动终端和社交平台的使用可能会对年轻一代的隐私权、人际距离感以及亲密关系体验造成深刻的影响。

2. 数字技术正在推动网络社区的蓬勃发展

社交媒体本身也成为一种重要的舆论场域，它可以实现对信息的快速传播和扩散，从而对公众情绪和态度产生影响，并进一步形成强大的社会影响力。在网络社群环境中，用户的身份标识变得更加个性化，他们的认同感也呈现出高度的变动性和多样性特点，这有助于通过网络社群来加强和稳固现有的线下关系网络，提高人际关系的持久性。社交媒体的影响力主要来源于它使信息更易被人们接受和传播，而非来源于其他虚假或欺骗因素。但是，社交媒体也为某些极端言论的聚集和传播创造了良好的沃土。过去的传统看法认为，社交媒体放大了"回音室效应"，通过算法推送用户喜欢的同质化内容，进而使人们在信息茧房中不断加强自身的偏见。他们认为，一些极端主义者也许是由于在现实中无法获得他人足够的理解和支持，从而在网络虚拟空间中产生了与主流舆论背道而驰的行为。但是，仅仅打破社交媒体"信息茧房"的局限并不能有效调和网络上不同观点和立场的对立。那些持有高度相似立场的极端主义者，可以通过社交媒体平台建立自己的小团体，通过加强内部联系、相互支持以及联合攻击反对者等方式形成强大的认同感和归属感，在这一互动过程中，他们的极端主义倾向也在不知不觉中被进一步强化和加剧。

3. 数字技术开辟了崭新的途径和手段，塑造人们的集体身份认同和集体意识

随着数字媒介和互联网技术的广泛普及应用，全球各地陆续出现了众多的数字群体或数字族群。海外的华人侨民就利用数字化的工具建立沟通联系，分享信息资讯，传承中华文化，在异国他乡维系和凝聚起民族的情感纽带和集体认同意识。这些通过网络虚拟交流和传播而"数字化"的集体身份认同，是一种基于互联网的全新群体身份形式。通过构建各类线上数字纪念平台，人们得以将逐渐消逝的集体记忆进行数字化转换和保留，以此来重塑集体的历史记忆和身份认同。所有这些变革都明确表明，数字技术对人类传统的社会生活方式产生了巨大的颠覆性冲击，并重塑了人与人之间的集体关系。此外，数字技术还可以帮助人们更好地营造集体的欢乐气氛。社交网络中的"社群"理念，使得数字技术得以被人们运用起来，以便塑造群体成员之间的关系，并形成虚拟的交流环境。人们不再局限于物理空间的群体集结，而是可以通过关注共同感兴趣的公共议题以及参与数字平台上的互动，来产生强烈的精神互动和情感共鸣，从而获得集体归属感，同时社交媒体也能通过话题标签功能汇集起人们的集体情感表达。所有这些变化无不昭示着，基于数字背景的集体欢庆氛围已经初步形成并得到蓬勃发展。在数字虚拟空间中，集体的欢乐时刻已经不再受到原子化个体的桎梏和约束，而成为连接数字时代个人与整个社会的重要纽带和象征。

（四）身体互联网与自我构建

在数字时代，身体和自我都有了更为丰富的意涵，数字社会学在以下两个层面展开探讨：一是身体的互联与自我的量化，二是虚拟空间中的数

字化身与自我建构。

1. 数字技术正在催生"身体互联网"的产生和发展

"物联网"是在传统互联网基础上构建起来的新型网络概念。随着物联网技术的进步发展，我们正步入一个"万物相互连接"的崭新技术革新时代。"身体互联网"是指通过感知与控制，让人类能够在物理世界之外实现自我表达、相互沟通与信息共享的一种全新的交互方式。随着物联网技术的不断发展，人类身体可以通过嵌入式芯片等方式与网络实现连接，逐渐催生和构建起被称为"身体互联网"或简称"身联网"的崭新网络形态。"身联网"是一种以生物感知计算为主要特征的新型网络体系，它可以通过连接人体内在生理世界与外在社会环境世界，来实现两者之间的无缝信息交互与共享。随着"身联网"装置的持续创新，从最初用于连接人体外部的各类可穿戴智能设备，到直接嵌入植入人体内部的各类智能传感器，再到后来致力于实现人类思维外部化连接的第三代"脑机接口"装置，无数新型传感器实现了对人体的前所未有的全方位监测、实时分析甚至主动调控，这不仅为医疗健康等领域开拓了广阔的应用空间，也对人体的生物完整性和自主控制能力提出了前所未有的挑战，使人体安全和隐私保护面临新的迫切需求。

随着"身联网"技术的不断成熟和进步，我们可以观察到人们进行自我观察与自我数据化量化的新兴实践也在蓬勃兴起。在这个进程中，构建"数字化自我"成为一个日益重要的研究分支。人们可以通过各类数字化工具来搜集、记录和跟踪自己身体的多种生理信号和活动数据，这种自我监测与自我记录的数字化行为也被学界称之为"量化自我"。量化自我不仅可以为个人提供更为全面丰富关于自身生理状况、心理状态以及所处社会文化环境等方面的多维信息，也使个人能够在此基础上获得更充分的自我认知，并有助于他们进行更科学的自我调节。利用数据来客观了解自我身体，不仅是一种自省式的实践，更是一个计算化的信息提取过程，是一种从自身之外获取自我信息的崭新方式，其结果也往往比我们过去依靠主观臆断进行自我描述更为全面准确。量化自我与人类传统的自我生活经验有着本质的区别，它能够更客观地反映个体真实的生活状态和各种行为模式。在遵循主流价值观念并协助人们实现理想化身心健康的过程中，这种"量化自我"的数字化实践同样也是一种自我约束、自我规范以及自我塑造的新方式。量化自我与反传统主义、个体化以及数字文化等许多社会概念之间，存在着极为复杂的内在关联。在这个数字化的自我塑造过程中，科学权威的检测标准和知识往往比个体主观的自我认知更为重要，人们需要通过不断进行自我规范和自律训练，才能逐步塑造出社会文化所认可的理想自我形象。

2. 数字社会学主要研究虚拟环境中用户的"数字代表"及其自我构建过程

"数字化身"是人类利用网络技术，在虚拟空间中创造出来的个性化、虚拟化的个人形象。"数字化身"建立在对个体身体特征和自我认知基础之上，在网络游戏和其他虚拟环境中作为用户的数字替身而存在。在一个与现实物质世界完全隔离的虚拟环境里，用户通过其"数字化身"可以与其他用户的虚拟形象共同生活在统一的数字空间，并进行实时动态的信息交流和互动。虚拟社会生活为用户提供了真实的身份认同体验，但这并不意味着个体能够完全摆脱现实社会的各种限制，而只是借助技术手段暂时实现了自我实现的目的。从这个角度来看，身体的数字替身是纯粹通过技术实现的，其存在仅依赖于背后支撑的技术系统。因此，虚拟环境中的人与人之间不再遵循现实物理距离的界限，而是建立起一种崭新的虚拟社会关系。随着虚拟现实相关技术的不断进步发展，这种虚拟交互体验也变得越来越逼真，可以认为基于虚拟交互的崭新生活方式已经初步形成，这为人类创造一个更加丰富多彩的未来提供了巨大可能。例如，最新一代的虚拟现实通信系统能够对用户的身体动作、面部表情和语音进行实时高保真捕捉，使得用户之间在虚拟空间的实时互动变得更加真实自然，大大增强了用户虚拟环境中的身临其境感。

这种以超真实数字化身为基础的虚拟实践和体验，也将对人们现实中的自我认知和自我塑造产生深远影响。虚拟世界如同一面巨大的荧幕，人们可以在其中展现出各种不同的自我形象和对自身的想象。用户在获得虚拟生活中的真实体验感受时，也会逐渐被更深地带入和融入虚拟空间之中。由于个体的自我认同是在与外界互动的社会过程中逐步建构的，用户也会根据社交媒体平台中他人的反馈不断调整自己的言行，这很可能导致真实自我与理想自我之间的进一步偏差，甚至以牺牲个体的真实特质和属性为代价，来获得虚拟空间中他人的认可和接纳。

（五）社会不平等

社会学对不平等议题的关注贯穿学科发展史，数字社会学延续了这一传统，并重点探讨数字技术的发展是加剧还是缓解原有的社会不平等，数字技术的广泛应用是否会造成新的社会不平等两个问题。

（1）数字技术在原有社会结构（如阶级结构、性别结构、种族结构等）的再生产中扮演了什么角色？换句话说，对于第一个问题，数字技术在推动资源共享和打破信息垄断等方面展现出强大的革命性潜力，但它同时也带来了一些负面效应和新难题。比如，慕课等网络教育平台为我们提供了降低教育成本和扩大教育受众规模的重要机遇，互联网还使得人们可以更加便捷和高效地获取知识信息。但是，互联网的广泛应用并未能真正缩小社会的结构性不平等现象。网上活跃着数量繁多的不同年龄层次和教育程度的用户群体，他们表现出各自独特的网络使用行为模式。受教育程度较高的群体通常拥有更优秀的网络操作能力，也更可能通过互联网平台来参与政治活动、探索职业发展机会等对提升社会地位有利的活动，而较少将其仅用于消遣娱乐。此外，在教育过程中，由于个体之间天生的差异，不同人群也会对学习产出和成果有不同的感知，从而获得不同程度的经济收益回报。这种网络技能获取与实际收益回报之间的结构性不平衡，进一步加剧了社会原有的不平等现象，从而促进并加速了旧有社会结构的再生产。

另外，数字技术的广泛运用也可能导致种族、性别等方面的歧视现象更加难以被察觉。这些现象也影响到医疗保健服务领域内性别平等理念的实施效果。比如，在预测患者的医疗服务需求时，美国的医疗体系更多依据患者过去一年的医疗消费总额，而非实际疾病状况来构建预测模型，这就导致了医疗资源分配更多地偏向白人群体。因此，在广告传播中适度植入性别平等的观念因素虽然是必要的，但这类广告也应尽可能与社会主流价值观保持一致，以避免对消费者产生误导。此外，由于受其他商业市场领域的广告策略影响，女性角色在许多重要广告中的成本往往高于男性，如果仅仅根据经济合理性原则进行广告投放，将导致女性在获得关注和反馈机会方面处于不利地位。

(2)数字技术的广泛应用可能导致社会中出现新的不平等现象。随着数字化时代的到来，人们获取和利用网络环境下信息资源的方式发生了改变。最初，学者们根据不同群体之间网络接入权限的差异，将人们简单分为拥有足够互联网接入权限的群体和权限不足的群体。后来，研究者发现数字技能、数字资源的获取和数字消费都与网络用户的收入水平密切相关，因此认为数字技能的差异是导致数字鸿沟的根本原因。这种由接入权限的不同而导致的社会不平等被学界命名为"第一级数字鸿沟"。进入互联网时代后，网络接入权与各种经济活动之间存在着极为紧密的内在关联。随着网络基础设施建设的不断进步和完善，仅仅依靠网络接入权限来解释的不平等状况已经逐步减少，取而代之的是以数字技能和数字媒体使用习惯的差异为基础形成的"第二级数字鸿沟"，以及不同群体从中获得的经济收益差异导致的"第三级数字鸿沟"。

由于"数字鸿沟"的存在，人类社会中出现了许多新的不平等现象。数字鸿沟的出现导致知识资源与资本财富之间的差距不断拉大。那些掌握顶尖数字技术且担任高级软件工程师或技术管理岗位的人群，已经构成了数字时代一个崭新的社会精英阶层，即所谓的编程精英。他们的社会权力几乎完全来源于对前沿技术的控制掌握，而非依靠传统职业体制内的制度化晋升。这一新精英阶层往往能够凭借自身掌握的数字知识和强大能力，获得远远高于普通大众的薪酬回报，从而成为数字时代收入最高的群体之一。相对而言，那些因各种原因而无法掌握数字工具和技术导致面临新型贫困的弱势群体，即所谓的数字贫困者，他们可能面临资源短缺、社会隔离等种种社会层面的挑战。此外，还存在一些由于缺乏充足资金支持和员工培训而被称为数字泡沫的互联网创业公司，甚至还包括一部分主流社会中社会经济地位较高但数字素养不足的群体（如缺乏信息真伪鉴别能力、无法保护自身数据隐私等），他们在数字化社会中也成了一定意义上的边缘群体。

(六) 数字社会学研究方法的创新

数字社会学继承了社会学的研究传统，不仅持续探索数字技术应用的理论问题，也在不断地推动研究方法的创新。从早期的定性研究到现在的定量和半定量分析，数字社会学家们都尝试着运用新的分析方法来解决社会中所遇到的难题。从当前的角度看，数字社会学的研究既致力于探索多种数据来源，也对传统的分析方法进行创新性尝试。

数字社会学广泛利用了传统的结构化统计数据和深入的访谈调查资料，与此同时也高度重视对各类新兴数据源的挖掘和应用。这些数字化创新方法不仅能弥补传统社会学研究方法的不足，而且有助于研究者深入揭示隐藏在海量数据背后的数据关联模式以及人们的心理动机和行为逻辑。在数字社会学的研究领域中，大数据分析为传统的问卷调查和访谈资料提供了非常有价值的补充和支撑。数字社会学的一个核心任务就是通过各种前沿技术手段来获取并整合不同类型的数据源所提供的多维信息，借助这些数字化途径，研究人员能够深入分析用户的数字活动轨迹（如文字记录、空间移动轨迹、图像视频等），这对深化我们对复杂的人类行为模式和整体社会结构的认知与理解极为关键。数字社会学还可以依托这些海量用户数据去探索一些以前难以观测到的崭新社会现象或问题，并以此作为解释或理解社会（世界）的重要视角或切入点。在探索运用多种新数据来源的过程中，数字社会学也将仿真建模、机器学习等社会科学领域的常见技术有机地融入了实证研究之中。此外，数字社会学的应用也能够促进学科间的跨界合作，极大提高研究结果的传播效率，并有助于改善公众的民主参与和意见表达机制。需要明确的是，数字社会学和计算社会科学实际上是两个截然不同的学科领域。前者是社会学研究的重要分支，而后者主要侧重于社会科学研究方法论的整合与创新。虽然计算社会科学为数字社会学提供了强大的技术支持和研究手段，但计算方法毕竟不是数字社会学唯一的研究工具。

另外，数字社会学也在致力于对传统的质化研究方法进行重要的理论和技术创新，在这一过程中，数字民族志研究逐渐成为数字社会学一个极为重要的研究分支。随着人们的社交互动在网络环境中变得越来越普遍频繁，前沿的研究人员已经将过去的田野调查的研究领域扩展到了新兴的网络媒体环境之中，并开发创新了诸如数字民族志等一系列全新的研究途径方法。数字民族志研究强调从独特的个体视角出发，密切关注不同个体如何使用数字化手段来理解、感知和描述现实生活世界中的社会关系和具体事件过程。可以说，数字民族志在很大程度上继承并发扬了传统民族志研究的核心思想，但与过去不同，现在的研究人员通常需要深入到研究对象所处的网络和数字环境中进行充分的观察，并使用他们最熟悉的数字媒体技术来进行访谈交流，这更多地体现了一种将数字技术视为当代生活世界不可分割组成部分的崭新研究视角。此外，相较于传统研究，数字民族志为我们提供了一种更开放、灵活多变的研究范式，使得研究者能够站在更宽广的视野来理解和考察不同民族的文化特征及其变迁发展过程。一些学者甚至试图将数字民族志与大数据挖掘等技术手段进行有机结合，由此催生了所谓"民族志挖掘"的崭新研究方法。简言之，这些都代表着学界目前正在积极运用新兴的科技力量，来获取更真实、可理解和价值意义重大的社会信息资源。举一个具体的例子，某些研究人员会首先使用各类智能化工具来收集参与者的各类数字行为数据，并对这些多源异构的数据进行可视化的整合处理。之后，他们会采取深入观察和访谈的方式，与这些研究对象共同探讨这些数字行为数据背后所蕴含的深层社会意义。

观察当前的进展情况，数字社会学在方法论创新方面仍然面临着非常大的挑战。在具体的研究实践中，当数字技术被应用于社会生活的各个领域时，研究者也会面临诸多棘手难题，其中包括研究对象的界定不够清晰、研究者自身角色的定位模糊等。例如在大数据分析的应用过程中，有关研究伦理和规范方面的要求仍有待进一步明确和不断优化。与此同时，在实际操作层面上数字社会学也存在诸多亟待解决的问题，比如应该如何更好地应对大数据应用可能带来的各类数据泄露风险，以及在不同利益群体之间可能引发的矛盾冲突等。另外，尽管大数据为数字社会学开拓了崭新的研究数据来源，但由于这些数据往往存在"缺乏上下文"的问题，使得它们常常失去了原本应有的社会意义和研究价值。因此，一些学者建议可以将大数据与其他类型的研究数据进行有机结合，以充分发挥其应有的作用。埃德尔曼和他的团队持有这样的观点：社会学家不仅要会利用这些最新的大数据手段来分析和解释一些过去传统研究方法难以突破的社会学难题，同时也需要深入研究数字技术所带来的种种新兴挑战，并充分利用大数据的支持来推动社会理论的创新。在数字民族志等数字化研究中，诸如研究资料的收集、数据的共享等关键环节，同样亟须制定一些崭新的学术标准和技术规范。进入大数据时代，研究数据的公开共享与高度透明已成为一个不可逆转的趋势，这也给社会科学研究者提出了新的挑战，特别是在隐私数据泄露可能对受访者造成伤害的情况下，研究者需要更加审慎和负责任地对待数据的收集和使用。如何在充分保障受访者隐私不受侵犯的前提下，进一步增强研究数据的社会透明度，已经成为当代学术界需要共同关注和解决的核心议题之一。

在过去的几年时间里，我国的数字技术获得了飞速的发展与广泛的社会应用，这对我们的生产生活方式都产生了深刻而持久的影响。在这样的历史背景下，"数字社会"这一崭新的社会形态受到了学界的普遍关注，并逐渐成为众多学者竞相研究的热点领域。与此同时，数字社会学的相关研究主题也受到了社会各界越来越多的关注。目前学术界已经就数字技术与社会变革之间的关系形成了多种观点，涉及数字技术引发的宏观社会变迁、数字时代新的社会阶层与分化机制、数字社会的新风险特征、数字化背景下的社会治理转型，以及数字技术应用所带来的种种伦理挑战等多个方面，一些前沿学者已经进行了极具启发意义的理论探讨。

在数字社会学的学科建设方面，构建具有中国本土特色的数字社会学理论框架也取得了重要进展，形成了以数字技术为核心解释变量的"数字社会"分析框架，并在此基础上发展了跨学科、交叉融合的数字社会研究新方法。在数字社会学的实证研究领域，相关的经验研究也呈现出蓬勃发展的良好态势，研究视角呈现出持续多样化的态势，研究内容也日益丰富充实。相较于西方国家的数字社会学发展，中国的数字社会学研究在很多方面既呈现出共性，同时也能够充分体现中国社会的独特语境特征，主要体现为以下四点。

第一，研究涵盖了数字社会学的核心研究领域，尽管重点明确，但在某些特定领域的关注程度还不够。在全球范围内，已有学者将数字技术视为新的社会变迁因素进行研究。尽管中国数字社会学研究领域广泛，覆盖了本书提到的六大主题，但该学科发展仍存在明显的不均衡。劳动问题是一个重要议题，也日益受到学者重视。从宏观角度看，现有研究更关注宏观社会而忽视了微观个体。这些研究主要集中在劳工经济、政治权力等领域，也考虑了社会关系、互动和不平等问题，但对个体生活实践的身体和自我领域的研究相对较少。从学科属性来看，数字社会学具有交叉性和跨学科特征，是一门新兴的综合应用社会科学。从宏观角度看，中国数字社会学目前呈现多个领域并行发展和相对集中趋势，在发挥现有优势的同时，研究视角也有拓展的空间。

第二，研究内容具有鲜明特色，不仅反映了中国本土数字技术发展和应用特点，也强调了对数字社会新现象的积极探索。在数字社会中，我们要特别注意与其他学科的关系，尤其是交叉领域的相关问题，如研究乡村电商和数字平台参与社会治理。这些研究在中国特有的数字化转型背景下进行，代表了中国本土研究对国际数字社会学的显著贡献。基于此，未来研究应更加关注数字社会新的趋势。此外，也要充分重视数字社会人才和相关学科的交叉融合，这不仅有利于丰富数字社会学的内容体系，也能提升其理论水平和影响力。相对而言，西方数字社会学研究者对数字技术新进展和年轻一代数字实践高度关注，他们对数字社会新趋势进行了深入探讨，这是值得我国学者学习的领域。

第三，目前的研究在利用社会学优势的同时，也初步呈现出跨学科整合的分析角度，但仍需进一步突破学科界限，促进跨学科合作。随着计算机和网络技术的发展，作为新兴交叉学科的数字社会学兴起，其理论成果主要描述数字社会现象。在中国数字社会学研究中，我们看到法学、政治学、公共管理等多个领域的研究人员做出了卓越贡献，但未来仍需持续推动这些学科的交叉与整合。此外，还需关注数字技术和社会环境变迁所导致的问题，将之作为重要变量纳入数字社会学研究范围。观察数字社会学在西方的发展，我们可以看到多个学科的交融已成为其显著特征。作为新兴交叉学科，数字社会学具有强大的开放性和包容性。数字技术的发展及其对人们生活的影响不受学科限制，数字社会学的研究也需要加强开放性。目前中国数字社会学研究已有一定成果，但仍存在跨学科性不够、缺乏理论支撑、缺少实践应用平台等不足。为了数字社会学的长远发展，我们需要打破传统学科界限，在跨学科背景下提出研究议题、探索研究手段并加强合作。这些努力将为中国数字社会学奠定坚实的科学基础，并注入新动力。

第四，目前的研究主要依赖传统社会学方法，因此在方法论上还需进行更多创新实践。近年来，随着信息技术特别是移动互联网的发展，数字社会学出现了一批具有代表性的理论研究成果，对当前社会现象和问题做出了较深入的阐释。现阶段大部分研究基于传统社会学方法进行，虽也有一些研究显示出数据和方法的创新性，但从整体上看，这些研究仍属少数。随着社会信息化和互联网技术的广泛应用，作为新兴交叉边缘学科的数字社会学受到越来越多研究者的关注。观察数字社会学在全球的发展，其方法论和研究工具的持续创新几乎已成为与其他社会学分支的显著区别。为更准确回答各类研究问题，我们需要在认识论层面突破方法差异，对多源数据进行深入鉴别和细致分析。

第二节　设计数字学术能力评价指标

一、数字社会项目特征与研究框架

在当代文科建设的新篇章中，数字化社会的发展轨迹和社会需求变得日益明晰。数字社会学作为一种新兴的学科形态，正在社会科学界崭露头角，成为广泛关注的焦点。这一学科不仅丰富了新文科的课程体系、教学资源和研究工具，而且借助数字技术的整合应用，为新文科的进步注入了发展动力。

数字社会学的崛起，既有其深厚的社会背景，也反映了当下社会快速数字化转型的趋势，这场转型促使越来越多的社会科学研究者投身于数字社会项目的深度探究中。鉴于此，本章的后续部分将着力剖析数字社会项目的内核特征以及数字研究的理论框架，旨在更系统地梳理和认知社会学者在学术追求中所需的关键数字学术技能。

(一)数字社会项目特征

1. 跨学科性

在近代学术的发展史中，每个学科的边界都受到界定，这带来了初期研究质量和效率的显著提高。然而，随着时间的推进，我们开始逐渐觉察到世界的错综复杂和各学科自身发展的固有局限，从而认识到跨学科整合的必要性。科学的不断演进导致学科边界愈加模糊，促使不同领域的知识和方法交融、相互渗透，催生了所谓的边缘学科——交叉学科。在大数据时代的语境下，我们被海量数据所环绕。这些数据必须经过精确的处理和分析，才能揭示其深层次的价值，这一过程涉及计算机科学、统计学、数学等多个领域的知识。伴随互联网技术的广泛应用，信息资源急剧膨胀，但这些信息往往参差不齐，甚至存在矛盾。在这样的研究环境下，社会学者不得不借助数据统计与分析的专业技能来应对信息洪流，这凸显了交叉学科在现代研究中的核心地位。

在当下的时代背景下，大数据分析已然成为主流，国内外的数字社会项目常常能吸引来自人文科学、计算机科学、社会科学、历史科学等多学科领域的学者共聚一堂，在特定的主题之下，围绕核心问题进行深入探讨。这样的多学科协作不仅推动了学界的创新发展，也为我们理解和应对复杂世界提供了新的视角和工具。

2. 合作性

数字社会项目在推动跨学科合作的同时，它的影响力已远远超出学校的内部边界。这类项目积极跨出校门，与其他高校、图书馆、学术机构、企业等建立了广泛的合作网络。数字社会项目为高校师生提供了宝贵的机遇，使他们能够学习和掌握最新的科技发展动态，并将理论研究成果转化为实践中的创新应用，这在提升学生解决现实问题的能力方面起到了重要作用。为了进一步扩展数字社会项目的研究深度，全球多个国家已经建立了专门的数字研究中心，如武汉大学的数字人文中心、英国伦敦国王学院的人文计算研究中心、斯坦福大学的人文实验室，以及加拿大数字人文协会等。这些机构通过设立专门的委员会来监管数字社会项目，并将其纳入系统的政策框架之中，构建起了一个完善的研究和管理体系。显然，数字社会项目的合作模式不局限于学科交叉，它涉及更为广泛的跨领域协作。这种合作网络不只促进了技术、人才和资源的互补与高效配置，更为参与者提供了一个多元化的平台，以促进知识的创新和传播，同时为社会带来更加丰富和深远的影响。

3. 实践性

在跨学科研究方法和数字技术的强力驱动下，数字社会学研究者在发掘新问题和创造新知识方面展现了独特且不可替代的优势。数字社会研究不再局限于整合和应用传统学科的现有成果，它以一种创新的思维模式和理论框架，拓宽了我们探索未知世界的视野，为人类开辟了更多的未来可能性。同时，数字社会项目在强调研究成果的同时，也注重其实践和应用的价值。这些项目通常涵盖历史地理信息的数字化分析、艺术作品的可视化研究，以及数字资源平台和数据库的开发等多个方面，每一个领域都体现了数字技术与传统学科结合的深远影响。通过这样的融合，数字社会学不仅丰富了学术研究的内涵，也为社会带来了实际的、切实可行的应用成果。

4. 技术性

在新文科建设的征途上，随着时代的前行，学术研究需要与时俱进，进行必要的调整。在此过程中，众多前沿的数字技术被纳入社会科学研究的工具箱中。这些技术覆盖了信息技术、网络技术和通信技术等领域，为研究工作提供了强大的支撑。从研究处理对象的角度出发，我们可将这些数字技术细分为以下几类：文本工具，例如文本分析、文本转录、文本可视化，以及文本注释；数据工具，涉及数据采集、数据分析、数据存储等；图像与声音工具，包括图像处理、3D 打印、音频编辑等；结果工具，如网站开发和交流平台的构建。这些工具为文本、数据和多媒体的深度处理提供了丰富的方法。

在使用场景上，数字技术的应用领域广泛，主要分布在科研平台、学术社区，以及个人作品等类型中。这些技术的融入极大地丰富了学术交流和研究成果的传播方式。

在功能方面，数字技术的力量被进一步划分为机器学习、数字化转换、虚拟现实/增强现实、数据管理、可视化分析等技术，每项都旨在推进研究方法的革新和提高研究效率。

在应用领域，数字技术正广泛应用于新闻、教育、艺术与设计等重要行业，为这些领域带来了新的发展机遇和视角。这些高级技术的引入不仅开辟了社会学者研究的新视角和新维度，也在研究成果的呈现和分享上带来了创新性的尝试，极大地推动了学术研究和社会实践的融合与发展。

(二) 数字研究框架

对于那些初步接触数字技术或正在起步的研究者而言，他们的研究往往基于个人的知识体系和理论分析的角度出发，通过调研和分析来检验他们最初的研究假设，这是一个从构建假设到验证假设的过程。在这个阶段，研究者通常会整理自己的观察记录，然后与其他学者进行交流并修正自己的工作。采用这种传统方法可能会遇到一些困难。

（1）对于新手研究者而言，传统研究方法可能显得过于主观，他们可能难以掌握确切的研究起始假设，并可能需要花费大量时间和精力去验证研究成果是否符合预期目标。

（2）即使是在经验丰富的资深研究者的协助和指导下形成的最初假设，验证过程仍然面临许多挑战。这需要依赖研究者个人的知识、理解和经验进行材料搜集、数据分析和成果评估，这些因素可能会影响研究的方向和深度。

（3）在大数据时代的背景下，可供分析的信息量已经远远超出个人的阅读、分析和处理能力。不论是个人还是小团队进行的研究，其速度和效率往往难以符合当前时代的要求。

（4）相较于传统的随机抽样数据，基于大数据分析得出的数据往往更具客观性和代表性，这对于研究的准确性和可靠性是一个巨大的提升。

因此，对于那些正在步入数字技术领域的学者，了解并利用这些技术提升研究效率和质量，是适应现代研究要求的关键一步。

在深入分析数字社会项目的过程中，笔者致力于在传统研究方法的基石之上，铸造一个兼容人文学科的全面研究框架。立足此框架，文章依循社会学者的学术探索常规流程，深入剖析了在理解的深层过程中必须涉及的人文理念、技术要素，以及这二者之间的动态互动。以下是该分析的进一步细化：

其一，框架根植于网络计算和存储的生态系统中，这一系统提供了高效能的互联网服务、强大的计算力及巨量的数据存储能力。这三大核心不仅定义了数字化社会的基准，也构成了数字人文学科飞速发展的时代背景。

其二，在网络计算存储的大环境下，众多研究实体争相建立数字信息资源库以便于数据的保存和检索，从而显著提升了信息处理的效率。举例来说，当代语言学的研究往往依托于资源丰富的语料库，这些数据库为计算语言学和语料库语言学的研究提供了珍贵的资料，促使众多学术机构争相构建大型的语言资料库。在正式研究之前，研究人员可以利用这些资源库收集大量数据，为提出研究问题打下坚实基础。

其三，与传统研究方法常常困于对已知事件的解释不同，数字研究是一种依托于大数据解决问题的、数据驱动的研究方法。它通过对大数据进行深层统计分析和数据挖掘来寻找答案。

其四，数字化研究在设计阶段融合了众多量化分析工具。鉴于数据的多维复杂性，必须采用多元分析方法来提取有效信息。虽然传统研究亦采用数据分析来进行定量研究，但二者在本体论、认识论和方法论等层面有明显差异。在研究中，研究者通过数据分析揭示问题、提出假设，并结合现有理论或实践进行解释。在此基础上，研究人员还需要借助数字技术和专业知识构建解决问题的模型，这是数字研究区别于传统研究方法的关键。

其五，解决问题的模型设计需依赖特定算法和数字技术的实践应用。在构建模型时，需考量其与现实世界的潜在差异。构建者的选择对模型的差异性起决定性作用，他们不仅需要掌握算法和技术，还需将其恰当应用于人文与社会科学。

其六，研究人员如何解读、撰写和呈现研究成果，将决定研究的质量和价值。研究者从众多文献中筛选出合适的方法以获得精确的分析结果。通过特定算法和数字化工具，初步的分析报告得以生成，所有这些步骤都是基于研究人员设计的程序完成的。研究者需不断地对这些程序进行调整和完善，以确保更为准确的研究结论。编写分析报告时，研究者须深度结合专业知识和见解，不仅回应最初的疑问，还要探索新的知识领域。在这个过程中，研究者与用户间的交流尤为关键，而计算机则是这种交流的主要工具。例如，大型数字社会项目可以通过数据可视化等多种方法来展示其成果，而虚拟现实和增强现实技术则使人们能更加深入地体验研究成果。

其七，数字成果的分享和交流是整个研究不可或缺的一部分。在涉及数据、算法和数字技术应用的数字社会项目研究中，每一个步骤都应该公开，使其他研究人员能够对其进行验证。这与自然科学的实验研究类似，要求对数据、实验和计算过程进行反复核实。因此，扩大数字社会项目的交流与分享是极为有益的，它能够让更多研究人员深入理解数据收集、研究设计和数据处理的过程，从而更客观地评估研究的各个环节，获取更加完整的研究成果。

二、数字学术能力评价指标

(一) 评价指标拟定原则

1. 科学性原则

在构建评价指标体系的过程中，科学性是至关重要的原则。我们必须基于科学方法来确保指标体系的客观性、准确性和公正性。在建立社会学者数字学术能力评价体系时，笔者坚持依据现有的理论和实证研究作为科学支撑，而非单纯依赖个人经验或随意构造。

2. 实用性原则

设计这个指标体系的初衷是为社会学者提供一个在提升数字学术能力方面的参考框架。该体系的实用性直接关联着其实际应用的价值。我们只有在体系确实可操作的前提下，才能有效地采集数据并评价社会学者在数字学术领域的能力。

3. 系统性原则

在人文学科学术研究的构建过程中，应全面考虑各个方面，以确保从宏观角度掌握研究所需的能力，并系统地展现数字学术能力的各个组成部分。

4. 简洁性原则

我们应密切关注实际需求和基本原理，避免语义上的冗余或无效评价指标，通过及时的调整，构建一个简明而针对性强的评价标准体系，确保评价体系的简洁性和目标的明确性。

(二)评价维度的提炼

1. 基础数字信息能力

作为致力于科研的现代社会学者,应掌握基本的信息和数据处理技能,这些技能是开展数字社会科学研究的基石,也是社会学者在当前数字化时代不可或缺的技术素质。

2. 数字技术解决问题能力

将数字社会项目视作一个具体的应用场景,在这一背景下,社会学者需运用其学科知识与专业技巧,解决场景所带来的多样性挑战,以确保项目的顺畅开展并最终完成科研目标。为了将科研想法转化为实质性成果,社会学者必须经历一系列连贯的研究步骤,包括"发现—分析—构建"的完整流程。社会学者必须发挥其高度的思维能力,以组织、综合及重构他们的知识架构,并围绕问题解决方案设计其研究步骤。在此过程中,他们需有目的性地推进,步步为营直至达成既定目标。因此,社会学者之间形成了一种互动的学术共同体,这种共同体不仅促进了知识的交流,也为他们在科研实践中持续解决问题提供了基础。

此外,问题解决始于问题的发现。科研问题的提出通常基于学者的信息认知、经验积累和知识深度,这涉及对情境的重新理解和发现,是一种信息批判的过程,旨在解决科研中遇到的问题。提出问题不仅是科研活动的关键环节,也是学者所需具备的核心技能之一。因此,笔者将提问技能归类于基本的数字信息处理能力中。

3. 数字学术交流分享能力

数字学术交流分享能力不仅关乎科研过程中与他人的口头或书面互动,更涉及学者分享研究成果与作品的态度,这些技能在科研活动的全程均发挥着核心作用。学术机构应构建一套高效的数字学术交流体系,激发学者在科研领域内交流与沟通的积极性和自发性,以便科研成果能更迅速、更广泛地进行跨学科传播。在处理大型数字社会项目时,学者们应培养共享和交流的文化，并与团队成员保持积极的协作与沟通。项目完成后，重点应转向成果的展示与推广，确保研究成果能转化为实际应用。在成果分享阶段，学者们有机会互换资料，分享经验，并对交流的效果和质量进行评估；面对科研难题时，他们应愿意向同行寻求支持。在学术界，学者需具备出色的沟通与表达技巧，能够将专业知识有效应用于实践，并及时提出并解决问题。这种能力为学者提供了一个互动平台，通过此平台，他们能碰撞思想、获取新信息、传递专业知识、扩散研究成果，以及表达个人观点。

（三）评价指标的提炼

1. 基础数字信息能力的分解

对信息和数据的分解包括：①浏览、搜索以及过滤数据、信息和数字内容；②评估数据、信息和数字内容；③管理数据、信息和数字内容。结合对开展学术研究一般步骤的分解，"基础数字信息能力"一级指标下的二级指标分别为"数字信息获取能力""数字信息管理能力""数字信息批判能力"。

数字信息获取能力是指学者在科研活动中，在数字化环境下寻找相关资料的技能。这不仅包括搜集数据、信息和内容，还涉及从广泛资源中筛选出有价值信息的能力。数字信息管理能力涉及学者如何在数字化环境下，对收集到的信息进行有效的组织、存储和检索。它强调在不同情境下对信息进行有效管理的重要性，确保信息的可获取性和使用效率。数字信息批判能力则强调学者在处理信息时的批判性思维。学者需要对信息来源及其可靠性进行深入的比较和分析，并在科研中提出更具洞察力的问题。这一能力是对信息的深度理解和高质量科研的基石。

2. 数字技术解决问题能力的分解

对解决问题的分解包括：①解决技术问题；②确定需求和技术对策；③创造性地使用数字技术；④识别数字能力。对数字内容创作的分解包括：①开发数字内容；②整合与重新阐述数字内容；③版权和许可；④编程。结合对开展学术研究一般步骤的分解，"数字技术解决问题"一级指标下的二级指标分别为"数据管理能力""数据分析能力""成果展示能力""学习数字技术能力"。

数据管理能力关乎学者如何高效转化科研初期搜集的信息为机器可读格式，以便执行数据的存储、检索和编辑等多项操作。数据分析能力则涵盖了学者处理和解读数据以提取研究见解的技术。这种能力的层次性可根据社会学者在数字人文科研中常用的数据处理技术进行细分。成果展示能力突出了利用适宜的数字技术与他人共享数据、信息和数字化内容的重要性，并强调了清晰传达科研成果的重要性。学习数字技术能力强调了学者与时俱进的必要性，包括深入掌握和更新所需的数字技术，以更高效地支撑自己的科研工作，并保持在学科内的领先地位。

3. 数字学术交流分享能力的分解

对信息和数据的分解包括：①通过技术进行互动；②通过数字技术共享；③通过数字技术参与利益分配；④通过数字技术进行协作；⑤网上行为规范；⑥数字身份管理。结合对开展数字学术研究一般步骤的分解，"数字学术交流分享能力"一级指标下的二级指标分别为"交流分享意识与态度""交流校验和分享能力""学术协作能力"。

交流分享意识与态度涉及学者在数字化环境中对隐私、版权保护以及分享文化的认识与取向。这包含两个核心方面：学术规范的自觉遵守以及对隐私权的尊重。在科学研究和创作过程中，学者们需培养对版权保护的意识，并对自己及他人的个人隐私给予应有的保护。交流校验和分享能力指的是学者在信息传递中准确掌握内容的细节，选择恰当的交流方式，并有效地传递研究成果，实现高效率和高质量的学术交流。学术协作能力定义为学者在进行科研工作时，主动在不同学科和专业领域间寻找合作伙伴，甚至主动寻求外部协助，共同推进科研项目的进行，以实现知识的集成和创新成果的共创。

第三节　数字学术能力评价指标内涵的阐释

一、数字学术基础能力

在数字社会科学研究中，社会学者所必备的数字学术基础能力成为其科研工作的基石。在当前数字社会建设成为我国学术界的一大焦点之际，社会学者的这些基础能力获得了前所未有的关注。

对于社会学者而言，这些学术基础能力在研究的筹备阶段、问题的解决以及成果的发布等多个科研活动中发挥着关键作用，构成了提升数字学术能力的基础。本质上，社会学者的科研旅程是一个不断在特定领域学习、积累经验并创新知识的持续过程。与自然科学研究相比，社会学者在传统学术活动中更倾向于展现研究的自主性，他们经常通过深入地阅读大量文献来进行研究，而相对较少依赖新技术。在信息泛滥的当下，快速且精确地定位所需信息已成为他们必须具备的一项基本技能。许多社会学研究者开始依赖于语料库、数据库等大型数字信息库来搜集资料。在此背景下，确保社会学者获取到充足的信息资源成为一个挑战。

在数字研究中，首要任务是掌握数字信息的采集、分析和管理。数字信息获取能力涉及学者依据研究需求在数字环境中检索和筛选出有用的信息；数字信息批判能力强调了在解读、收集和处理信息时采取批判性思维，对信息源的可信度和可靠性进行严格的鉴别，从而更准确地理解信息并提出深刻的科研问题；数字知识构建能力体现在学者利用现有学科知识，通过不断学习和实践提高知识结构和创新能力，培养创新思维；而数字信息管理能力则体现了学者如何在数字环境中有效地组织、存储和检索信息，并在各种情境下对这些信息进行有效管理。

二、数字学术解决问题能力

在数字人文领域，社会学者们运用各种数字技术来推进他们的学术探索十分必要。计算机科学技术尤为突出，因为它为我们理解和改变世界提供了强大的支持。这一过程实际上是不断地发现问题、提出问题，并致力于寻找答案的过程。正是这种识别问题和提问的意识，使得深入的学术讨论和研究成为可能，进而允许我们在更深层次上认知、解读和改造世界。数字人文研究以数字为基础，不仅承载着传统社会科学的特质，更反映了数字化时代下人们对信息需求的演变和思维模式的变革。这一过程本质上是对数字人文领域问题的识别与解答。作为一个跨学科领域的新兴议题，数字人文的理论建构要求研究者将"人"置于中心，关注个体的生命体验和精神价值追求，并将其整合进社会科学的宏大叙事之中。在研究的准备阶段，学者们基于问题进行深入的探索，不断揭示事物背后的本质和内在矛盾，以更准确地阐释社会现象背后的复杂性和核心问题。

研究方法设计能力意味着，在进行深入的问题研究之前，学者需要持有数字人文的观点来审视研究议题，思考采用哪种研究手段进行研究，以及如何找到合适的切入点来解决研究问题，总体而言，这是对研究课题实施可行性的一种思考。

数字工具应用能力指的是在数字时代，数字学术服务的发展在很大程度上依赖于数字技术和工具的支持。因此，这要求学者掌握多种数字技术和工具的使用方法，能够在进行不同的研究时找到合适的数字工具并掌握正确的使用方法，能够自主使用数字工具解决数字学术研究中的实际问题，提高研究效率和创新能力。

数据结果分析能力指的是学者为了获得研究成果而对数据进行处理和分析的能力，这种能力的分级可以结合社会学者在数字人文科研活动中对数据处理的常用技术手段而划分不同的类型。

数字成果展示能力是指利用合适的数字技术向他人展示研究数据、信息和数字内容，并能够清晰地解释项目的研究成果。数字学术资源呈现方式多样，不同类型的文献具有各自特点，因此，数字科研成果展示需要有针对性地进行组织与实施。尤其在云计算和大数据的大背景之下，数字学术的研究成果大多以数字化的方式呈现，因此，学者们应当拥有展示这些成果的多种能力。

成果交流与分享能力涉及在数字化环境中，学者对于隐私、版权的维护以及分享的观念和态度。在进行科学研究和创作的过程中，学者需要具备对信息和内容的版权保护意识，同时也要对自己以及他人的个人隐私持有保护意识。在研究成果的分享过程中，学者们应主动分享和交流资料，并对交流的方法和质量进行评价。

三、数字学术提升能力

对于那些从事人文学科研究的学者而言，加强在数字学术领域的能力是至关重要的。数字社会学作为一门新兴的学科，与其他人文学科一样，依赖于坚实的理论基础，而这样的基础来源于对相关领域的深刻洞察与持续探索，只有通过在专业领域内不断深化研究与学习，学者们的数字学术能力才能得到质的飞跃。这就要求社会学者不仅要具备高度的数字学术素养，还应当能够拓展在数字人文领域的知识边界。具体来说，社会学者需要逐步提升自己在数字技术更新领域的能力，这包括但不限于对新兴工具的掌握与应用，通过学术交流与合作来推动个人及集体的数字学术能力发展，以便在数字人文领域开展更广泛的科研与创新工作。

数字技术的快速更新与进步意味着学者们必须具备持续自我教育的意愿和能力，以适应数字学术环境的变革，并满足新时代的挑战。为此，我们必须不断追踪数字学术研究的最新动态，扩充我们的视野和知识库，同时迅速掌握新兴研究领域的要求，保持与科技发展的同步，增强创新和实践能力。此外，我们还需识别并填补自己在专业知识方面的空白，不断改进我们的知识结构，掌握新技能，提升我们的核心竞争力。

在数字学术协作领域，作为社会学者，需要展现出前瞻性和创新能力，不仅要拥有在一个或多个新兴学科领域的知识和经验，而且要深入理解这些领域的规范和标准。只有这样，他们才能胜任在数字学术环境中进行跨学科科研合作的任务。为了积累跨学科知识，社会学者应能够及时获取相关学科的最新研究动态、热点和发展趋势，以便整合不同学科的知识，解决不同学科研究范式间的差异，促进知识的交流与创新。

第四节　确定数字学术能力评价指标权重

一、确定权重的方法

(一)建立层次构建模型

为确定构建社会学者的数字学术能力评价各指标权重，本节采用了传统的层次分析法(Analytic Hierarchy Process，AHP)，它是一种定性和定量相结合的、系统的、层次化的分析方法。

(二)构造判断矩阵

确定社会学者的数字学术能力的层次结构后，我们得到社会学者的数字学术能力结构各指标重要性的判断矩阵，该矩阵表示本层所有因素针对上一层某一个因素的相对重要性的比较结果。判断矩阵的元素 a 表示的是第 i 个因素相对于第 j 个因素的比较结果，这个值使用的是 Santy 的 1-9 标度方法。

(三)层次单排序及一致性检验

建构同一层次各因素两两比较后的判断矩阵后，需要对同一层次因素对于上一层次因素某因素相对重要性进行排序，这一过程称为层次单排序。在进行层次单排序之前，需要进行一致性检验。一致性检验通过计算一致性比率 CR 来确定。一般来说，当一致性比率 CR 小于 0.1 时，可判断矩阵的不一致程度在容许的范围之内，有满意的一致性，通过了一致性检验，否则要重新构造判断矩阵。

二、社会学者的数字学术能力评价指标体系

通过对国内外文献调研、专家咨询、构建指标和权重的确定，我们最

终确立了社会学者的数字学术能力评价指标体系（表3-1）。数字社会学者可以通过该评价表初步判断自身的数学学术能力，从而有针对性地学习，提升自身的数学学术能力，从而更加顺利地进行数字社会项目学术研究。

表 3-1　社会学者的数字学术能力评价指标体系

一级指标	一级权重	二级指标	二级权重	三级指标	最终权重	分值
数字学术基础能力	0.1349	数字信息获取能力	0.0312	信息源选取能力	0.0099	1
				数字信息检索能力	0.0089	1
				数字信息筛选能力	0.0124	1
		数字信息批判能力	0.077	数字信息质量甄别能力	0.0147	1
				数字信息批判性遴选能力	0.0489	5
				前沿追踪与问题发现能力	0.0134	1
		数字信息管理能力	0.0267	数字信息标记能力	0.0102	1
				数字信息存储能力	0.0102	1
				数字文献管理能力	0.0101	1
				数据库管理能力	0.0034	0
数字学术解决问题能力	0.6601	研究方法设计能力	0.2483	数字人文理念融入能力	0.0897	9
				数字人文方法选择能力	0.1221	11
				学科问题与数字方法结合能力	0.0365	4
		数字工具应用能力	0.1462	数字技术工具认知能力	0.0686	7
				数字技术工具选择能力	0.0384	4
				数字技术工具运用能力	0.0393	4
		数据结果分析能力	0.1761	定性分析能力	0.0222	2
				定量分析能力	0.0226	2
				数据可视化展现与分析能力	0.0699	7

一级指标	一级权重	二级指标	二级权重	三级指标	最终权重	分值
		数字成果展示能力	0.0488	对数据呈现结果的阐释能力	0.0614	6
				知识组织与学术表达能力	0.0176	2
				研究成果可视化展现能力	0.0153	2
				数字化成果创作产出能力	0.0153	2
		成果交流分享能力	0.0407	版权和隐私保护能力	0.0107	1
				成果在线产出与传播能力	0.009	1
				数字学术成果评价交流能力	0.0107	1
				数字学术成果共建共享能力	0.0104	1
数字学术提升能力	0.205	数字技术更新能力	0.1566	自我反思数字技术差异能力	0.0233	2
				自我更新数字技术理念能力	0.0842	8
				自主学习能力	0.0491	5
		数字学术协作能力	0.0484	学科专业领域内协作能力	0.0076	1
				跨专业领域协同创新能力	0.015	2
				寻求领域专家帮助	0.0062	1
				案例学习与总结创造能力	0.0196	2
总计	1				1	100

第四章　数字社会学学生学习成果的评估

在新文科的大环境下，数字社会学人才培养的核心目标，就是要促进哲学、社会科学等传统学科与当代新的学科之间得以充分地交融互动，并最终培育出既具有扎实科学知识修养又拥有人文主义情怀的杰出复合型人才。数字社会学的理论体系不断趋于成熟和规范，使得数字社会学正在逐步发展成为一种全新的科学研究范式和学科方向。与此同时，数字社会学教育与当代社会的实际需求和发展方向之间的内在联系也变得日益紧密。因此，在高校社会学专业的课程教学实施过程中，引入"互联网+"的先进理念和手段，把课堂教学中的师生沟通交流平台化，将会有效地提高课堂的教学质量。数字社会学人才的培养训练，要着眼于帮助学生能够超越其原有专业领域的种种局限，同时倡导学生对不同文化与各种信仰体系都能够持开放和包容的态度，并最终培养学生形成宽广的跨文化国际视野。在这些新理念引领下，数字社会学人才培养将可以为国家的重大发展战略提供强有力的人才支撑，并为推动社会的发展进步起到关键作用。当下，在数字化、信息化以及智能化的科技革命和应用创新趋势的大背景下，数字社会学教育工作者正在努力寻找数字社会学教育发展的正确方向，探索数字社会学人才培养的全新模式，希望通过不断推进知识创新来有力促进数字社会学理论与实践的进一步发展，更好地适应未来社会变革的需要。具备数字社会学知识的高层次人才队伍在推动国家治理体系和治理能力现代化的历史进程中也将发挥越来越重要的战略作用。因此，在数字社会学的人才培养方案中，立德树人应当被视为其核心任务，人才培养的根本目标就是要培养出能够更好地满足经济社会发展需要的高素质"社会科学家"。

在这种培养理念指导下，数字社会学人才培养可以立足"大数据+智能分析+学科深度融合"的发展方向积极开展。这意味着学生在面对形势变化和社会需求转型的过程中，需要保持出色的知识学习能力，并锻炼敏锐的思维应变能力。他们不仅要为个人的成长发展和职业成功做好充分的知识和能力铺垫，更需要承担起传承和推广中华优秀传统文化的重任。为更好地实现这些宏伟目标，我们必须紧紧依据大数据时代特征建立起新型的数字社会学人才培养体系。鉴于数字社会学教育模式的新特点和人才培养的新标准，本章积极探索适合数字社会学学生学习成果评估的改革方法，并对国外在这方面已经取得的一些先进经验给予学习和借鉴，在此基础上进一步探究我国数字社会学学生学习成果评估的未来发展方向。

第一节　新文科背景下学生学习成果评估的转变

我国传统的文科类教育过于强调基础理论知识的研究和传授，其主要目的是培养学生的学术研究能力。然而，通过这种简单化的人才培养方式所培养出来的毕业生，常常缺少对当代实际社会问题和现实决策服务等方面的解决能力，这就使得他们难以真正满足社会经济快速发展的实际需求。数字社会学作为一门新兴的交叉学科，与其他社会科学类分支学科一样，其知识体系也都是由该领域内顶尖的学术专家通过持续开展学术研究和理论创新逐步建构和发展起来的一门跨学科综合知识体系。随着当代社会形态的不断演变发展，我们迫切需要培育出各具特色的不同层次和不同类型的数字社会学复合型专业人才。这就意味着，数字社会学的人才培养过程必须基于社会多元化发展的需求，制定多样化和差异化的人才培养目标，并能够确保学生不仅要系统掌握数字社会学的核心基础理论知识，还需要同时具备运用所学知识去分析和解决实际社会问题的实际技能。因此，数字社会学领域培养的人才，不仅要具有扎实深厚的理论知识，还要具备较强的实践能力和社会服务能力。2018年，我国正式启动了"新文科"的重大发展战略规划，这为数字社会学领域的高层次人才培养训练提供了难得的重要历史机遇。新文科强调要实现人文教育与科学教育有机结合，并以促进学生全面和谐发展为人才的培养目标，这种全新的人才培养理念对推动数字社会学领域人才培养也产生了重大积极影响。在继承和发扬我国传统文科教育的优势基础上，新文科改革则更加注重按照国家发展战略的需求，采用开放的跨学科人才培养方法，着力培育出那些能够胜任应对各类全球性挑战的多才多艺的复合型人才。数字社会学作为一门仍处于高速发展期的新兴学科，其核心研究对象就是人与信息之间关系的变革过程。可以看出，数字社会学领域的人才培养已经呈现出崭新的发展方向，奠定了学生学习成果评价方式实现转型升级的坚实基础。

一、评估标准由同一性转向差异性

人文社会科学的核心理念在于关注人的精神世界和基于人文精神来构建理想社会。这一点与自然科学更强调学科理论之间新旧范式的转变和更新有着明显不同。人文社会科学的根本目标在于在传统文化与创新发展之间找到动态平衡点，以保证人类精神文明和民族文化能够得到传承、积累和持续推进。文科和理科在教育背景和思维方式等方面存在着显著差异，文科教育特别强调对美的主观追求和对生活方式的创新探索。这种对人生意义和价值的深入思考塑造了文科独特的知识结构和认知方式，其根本目的在于以提升学生的人文素质教育为核心，全面提高学生的文化知识水平和道德品行修养，使他们能够对自己的各种行为选择和生活经验做出符合人文价值的理性评判。理科教育则更加注重对客观科学发现过程和技术发明创新的认识，强调在探索自然界的客观规律时需秉持确定性原则，不太看重主观情感体验。从知识体系上看，文科教育更多代表了人类理想信念与现实社会的高度融合，它从根本上更多体现了人类存在状态的价值体系。由于不同时代和不同文化主体对人文社会知识的理解和诠释通常存在差异，这就导致在人文社会科学领域很难出现拥有统一正确标准的判断命题，其学科评判和学术评议的具体标准也并不完全统一。从本质上看，人文社会科学是一个相对独立于自然科学理论体系之外的独特研究和教育领域，它不具有像一般自然科学那样的严格逻辑推理结构、系统知识体系和统一理论范式。文科与其他学科之间的主要区别在于，文科教育的核心使命在于培养学生的世界观、人生观和价值观，它更加强调主体精神性、人文价值性以及个体精神追求，而不是单纯满足自然发展规律、技术发展需要或者物质生活方面的要求。当前，我国高等院校已经普遍开设了新兴交叉学科的专业课程，但对于数字社会学和数字技术应用学等前沿交叉科学研究领域还处于起步建设阶段。因此，在充分认识到不同学科群体的知识显著差异之后，我们就不能再用理工科的思维惯性和标准来简单评判数字社会学背景学生的学习成果。人文社会科学教育并不存在一个统一的评估标准，同样的考核规范和评价体系也并不完全适用于检验学生的个性化发展和多元化素质培养结果。所以在坚持客观科学评估原则的基础上，数字社会学背景学生成果的评价标准还需要主动兼顾某些人文价值观念和社会发展需要，以突出人文社会科学评估的非唯一性和个体差异性特征。

二、评估内容由片面性转向系统性

传统的学生学习评估侧重评测学生对课程的知识记忆结果，数字社会学背景学生的学习成果评估应提高对学生自主学习能力、精神面貌、情感态度等综合素质的评估内容和比例，使学习成果评估的内涵更加丰富系统。在针对数字社会学背景学生开发设计一个比较全面系统的学习成果评估内容体系时，首先需要从理论层面深入进行学科内涵方面的研究，对数字社会学背景学生学习成果评估的内在属性和范畴进行明确的概念界定。在明确数字社会学背景学生学习成果评估内涵基础上，进一步对数字社会学背景学生的学习成果进行全方位、多角度的评估内容开发和优化设计，使之能够更加准确和全面地反映数字社会学背景学生学习过程中的各种能力提升情况，真正实现对学生学习成果整体性和全方位的评测目标。

三、评估方式由单一性转向多样性

我国学术界、高等院校以及政府管理部门对大学生学习成果评估工作的重视程度正在不断提高，但标准化测试仍然是当下主流的学习成果评估方式，这种标准化测试很难真正全面准确地测度和反映出数字社会学背景学生的学习成果属性。评估方式的单一化直接导致当前我国高等教育中出现了过度依赖分数结果来片面衡量学生学习发展水平，并简单用学生的升学率来解释教学质量的现象，这在一定程度上使学习成果评估变成了一种空洞的数字游戏和某种没有实际意义的话语修辞。因此，对于社会学这类人文社会科学专业来说，为了真正改变当前学习成果评估中存在的价值导向单一化局面，在设计专业学生的学习成果评估体系时就必须充分考虑数字社会学背景学生具有的知识结构与能力要求的独特性，从思想性、文化性和人文价值性等文科教学特质出发，采取多样化的评估方式与手段进行设计。在具体的学习成果评估工作过程中，可以灵活地对各种评估方式进行有机结合，并需要重新审视和明确人才培养的价值目标，将其置于评估工作的核心位置，从而更好地鼓励学生把学习成果评估视作检验自身学习效果和促进个人成长的重要机遇与宝贵资源，使评估能够更好地发挥促进学生持续深入学习和个体成长的功能，有效提升和激发数字社会学专业学生的主动学习与自我发展动力。

四、评估主体由一元化转向多元化

政府管理部门、第三方社会评估机构以及高等院校等是评估的主体单位，基于独立的第三方社会评估机构在评估主体中应当发挥独特作用，它可以对文科类教育质量和人才培养效果自主组织专家学者开展评估工作，并享有将最终评估结果公开发布的权力。而高校作为人才培养质量评估的具体实施和运作主体，要充分基于高校自身的质量监控和调节能力以及自身的专业办学定位和人才培养特色方向来开展数字社会学背景学生学习成果评估，使数字社会学专业学生的学习成果评估工作更加符合高校自身的专业发展需要，为教学质量改进提供更为清晰的反馈信息，最终形成一个良性循环和持续优化的教学评估模式。同时，也应将学校的教师和学生等其他社会群体纳入学习成果评估的主体范围，让他们实际参与学习成果评估标准的制定和评估等工作环节，实现对学生学习情况评估结果的真实性和全面性。

第二节　基于调优项目的美国学生学习成果评估经验借鉴

本节选取美国调优高校教学项目(以下简称"调优项目")作为典型代表进行分析，为我国高校数字社会学背景学生学习成果评估的理论研究与实践探索提供参考借鉴。

一、开发学科学习成果

美国持续倡导要提升本国高等教育的教学质量和对社会的责任担当，对学习成果这一关键领域的评估标准和内容不断进行优化完善，以确保联邦政府、各州政府以及高等学术机构都能够更加高效和准确地开展教育效果评估工作。当前，我国的高等学校已经将对学生学习成果的评测作为一项非常重要的教学质量监控指标，并纳入学校的教学评价体系建设之中。但是美国在开展高校学生学习成果评估的过程中，评估机构有时也会忽略不同学科专业的知识结构和人才培养具有的独特性，这不仅会导致教育教学效果评估的结果很难被社会各界所理解和接受，同时也会严重影响高校人才培养目标的效果。从理论分析来看，高校学生的学习成果通常都是基于对学生的知识结构、技能素养和情感态度等要素的一种普适性定义，这种定义方式原则上可以适用于各个不同学科领域的学生，但是这种普适化的学习成果定义却常常会忽略不同学科在知识结构和能力要求上的明显侧重点和具体需求。因此，从实际应用效果来看，虽然仅仅基于一些普适性评估标准来开展对所有学科学生学习成果的评估，原则上可以适用于所有的高校学生群体，但是这种做法实际上却忽视了人才培养特殊性的要求。因此，有必要重新审视和厘清大学生学习成果评估中的学科专业属性问题，在此基础上构建一套具有鲜明学科特色的学习成果评价指标体系。在这方面，美国提出并实施的"调优高校教学项目"就强调要充分发挥教师自身在专业学习成果评估过程中的核心作用，积极鼓励教师进行跨学校和跨专业的学术交流合作，整合各利益相关方的需求和观点，围绕不同学科的核心概念与能力要求达成共识，并针对不同专业领域明确哪些是可以进行有效评估的内容。这种做法不仅可以有效促进教师自身专业化发展，还可以显著提高教学效率，使学生成为终身学习的受益者。"调优项目"的核心目标就是针对不同学科专业领域明确其核心能力要求和应具备的学习成果，并在此基础上制定出适合不同学科的大学生学习成果评估的专业化标准，这将帮助高校更好地规划未来相关专业领域的课程设置、教学进程和学习效果评估，以获得培养具备专业核心竞争力的大学生所需要的学习表现数据，从而助力学生最终获得符合专业要求的学位证书。在短短六年的时间里，"调优项目"已经从最初的小规模试点逐步拓展至与多个州开展合作，并得到了美国众多学科领域的国家级协会的广泛参与，这不仅大大增加了合作对象数量，同时也成功地成为推动美国高等教育实现学历学位证书标准澄清、学分转换和课程互认的一种重要有效路径。

二、制定具体学习成果评估标准

在制定学生学习成果评估标准的"调优高校教学项目"中，其主要实施步骤包括明确不同学科的核心知识内容、绘制学科相关的职业发展路线图以及与各方利益相关方的沟通进程，这整个过程是一个需要不断进行迭代优化的工作。学科核心知识内容的界定过程需要反复征求各方面意见和进行多轮修改才能最终完成。明确学科的核心知识内容是制定合理的学习成果评估标准的关键所在，来自不同高等教育机构的相关教师将共同探讨并就各自学科应为学生传授哪些核心观念、基础知识和技术能力等问题进行讨论，最终形成涵盖该学科核心要点的文档。绘制学科相关的职业发展路线图是指根据不同专业领域的特点，将其进行分类，例如可以分为工程科学类、数学与应用数学类、计算机科学与信息技术类以及艺术与传媒类等不同类别。通过这套职业发展路线图，可以明确不同学历层次的学科学习内容所对应的知识结构，这可以作为学生学习成果评估的重要依据，以使各高校能够批判性思考当前的课程设置和教学方法是否真正满足了学生学习的预期目标，并据此更有针对性地设计和实施各类别学科的学历学位课程。"调优项目"的目标是要确保每个学科领域都制定出对应的核心学科文件，而不同州政府和行业协会发布的核心学科文件在具体内容上也会存在一定差异。尽管这些文件的表现形式可能存在一定区别，但是它们都会集中阐述该学科的基本情况、核心知识点以及该学科所特别注重培养的能力要求等，这些都为后续的学习成果定义和效果评估提供重要参考依据。在此基础上，教师团队还将共同探讨和深入了解学生在完成某一学科学习后将面临哪些可能的职业生涯选择，并据此绘制出一个明确且简洁的学科相关职业发展路线图，即职业路径图，清晰直观地向学生展示该学科的学历学位教育与他们未来可能的职业生涯之间存在的高度内在关联性。这种基于专业路径图进行课程设置的做法，可以帮助教师更加合理地规划专业方向，更好地实现人才培养的教育目标。在学习成果评估标准制定过程中，还需要与学生、家长、未来雇主、教师同事、学校管理人员等利益相关方进行咨询，这也是标准制定过程中获得重要信息反馈的一个环节。这一职业路径图的绘制是基于教师对学生实际学习生活和就业情况的观察研究而得出的重要结论。教师可以通过与利益相关群体的沟通交流和信息收集，为绘制出恰当的职业发展路径图提供重要参考。此外，还需要对学校自身的办学定位和人才培养方向进行调研，以使最终确定的课程设置能够更好地适应未来社会的发展需求。通过绘制专业发展路线图和广泛咨询相关利益方这两个环节，能够共同为确定学科的核心知识内容提供反馈，从而确保学生学习成果评估标准的科学性和有效性。

三、构建学习成果评估内容

教师根据预设的成果评估标准，通过对学生的实际学习成效进行反复总结提炼开发出学生学习成果评估内容。在具体开展这个环节时，教师会首先根据自己对学生学习成果的理解程度，以及考虑到学校的实际教学条件等影响因素，选择最能适合本地区情况的教学课程或具体知识内容，并会通过问卷调查等方式详细了解学生的实际学习状况和存在的问题。学习成果的提炼不是一个简单的一次性就可以完成的工作，而是一个循序渐进的过程，在这个提炼过程中，不同教师之间需要进行充分合作和交流讨论，最终达成对学生学习成果的共同理解和认知。在上述共识的基础上，教师们然后会根据专业课程的实际需求，通过问卷调查等多种方式确定在本次调整优化中需要涉及改进的具体学习成果的范围和数量。在此基础上，调优项目小组各成员会将他们各自开发提炼出的学生学习成果要点进行整合，应用到学校及本地区，也就是说各个院系的教师会共同编写出学位证书规格说明书，通过这种方式来进一步完善解释该学科专业的学生学习成果内涵，以便后续在学校内部实施针对本校情况的校级调优方案。在前述工作的基础上，学校管理层会根据实际需要来确定学校将开展的具体调优项目的范围。如果某个院系的教师认为除了核心学科文件所提及的内容之外，该专业方向还存在其他一些对学生很关键的学习成果要点，那么这些额外的要点也应该被纳入学校调整范围的考虑之中。由于不同院系在具体开展学位水平调优工作时，其产出的各专业学位规格说明书也会存在一定的区别和差异。因此，在正式开展后续的教学和培养工作之前，高校首先需要制定一份真正符合本校实际培养情况和需求的学位规格说明书。这份学位规格说明书需要详细描述该学科专业学位的培养目标、主要特点、可能的就业出路方向、主要教学方法与手段以及学生在达到学位水平时应具备的专业知识和能力等五个主要方面的内容。这份学位规格说明书的编写面向的主要对象是在校学生，基本目的是帮助学生进一步明确自己的专业学习目标要求，使他们在仔细阅读后能够对自己在取得该学位过程中需要掌握的知识点、应该理解的专业内涵以及需要完成的关键任务等有一个较为明确具体的理解。从这个角度来看，作为一种重要的学习成果评价参考工具，这份学位规格说明书应该具有一定程度的较强客观性和权威性。调优项目制定的评估标准原本是旨在为学生在专业学科层面的整体学习成果提供一个参照的基准，那么这份学位规格说明书则可以在前者基础上进一步强调该院系的专业人才培养在知识结构和课程体系上的独特性。

第三节　数字社会学学生学习成果评估标准的改进

目前，在数字社会学背景学生评估标准和指标体系方面，尚未构建评估的标准体系，我们需要明确学生在毕业时应追求的目标和相应的标准，并科学地为学生的学习成果制定合适的评估准则。

一、数字社会学学生学习成果评估标准的依据

在国家治理现代化背景下，高等教育面临着从知识中心向能力中心转变的要求，这使得高校需要培养适应时代发展需求的复合型人才。国家发布了一系列相关政策文件，为数字社会学人才培养指明了新的路径，并为评价标准的进一步完善提供了政策支持。

（一）政策依据

2018 年中央文件第一次提出"新文科建设"。2019 年在"六卓越一拔尖"计划 2.0 启动大会上新文科建设工作组正式成立，我国新文科建设拉开序幕，标志着新文科从概念走向实践。2020 年 11 月，新文科建设工作组在山东大学召开会议并公布《新文科建设宣言》，会议明确指出，新文科教育是高等教育的关键部分，其核心目标是培养具有"知中国、爱中国、兴中国"特质的人才和社会科学家。在数字化社会中，人才培养目标是政府基于教育改革经验，为体现中国特色而设定的，也是对文科教育质量的明确要求。从这一角度看，"创新型"应作为新文科的核心价值导向。我们应在确保学生掌握本专业知识的基础上，评估他们主动学习和吸收其他相关专业知识技能的能力，强化学生知识创造的原创性，并在跨学科交流中提升创新能力。

(二) 文化依据

中华文化作为一种高度包容兼容的文化形式，它为我们与全球学术界和其他国家民族进行思想交流提供了重要的桥梁和纽带。中华文化所传达的核心价值理念，为中华文化在世界范围内获得稳固发展奠定了坚实的思想基础，中华文化所产生的巨大社会影响是无法用任何金钱财富来进行衡量的。作为中华文化的精神核心，中国的人文精神同样也构成了数字社会学背景下人才培养体系的精神内涵和显著优势。在推动数字社会学建设的过程中，我们要在坚持文化自信的前提下，根据时代发展变迁的实际需要，推动中华传统文化实现创新性转型和可持续发展，这不仅体现了中华文化"和而不同"的核心思想内涵，也为中国的人文精神赋予了打开国际视野的内在动力，将推动中华民族文化在全球范围内得到更加广泛的传播。在数字社会的背景下，人才的培养工作将以中华文化为基础，目的是要帮助学生深入理解中华文化的真正内涵和核心价值所在，同时也要促进中华文化的形式内容实现创新性转型，并将对中华文化的深刻理解、有效传播和创新性发展的能力纳入人才培养质量的评价标准体系之中，以此来充分展现数字社会学学习成果评估工作具有连续性发展的内在特质，并体现出鲜明的中华民族文化特色与密切跟随时代发展的特质。

二、数字社会学学生学习成果评估标准的基本准则

评价评估效果的关键是科学制定学习成果的评估标准，它提供了评估内容的制定、选择以及评估活动的实际操作方向。因此，在制定评估标准的时候，应遵守其特定的规定，确保其科学性和合理性。

(一) 秉持以结果为导向的思维方式

以学生的学习成果为核心的评估方式，其核心在于展示学习效果的有效性。虽然许多外部因素可能会影响学生的学习成果，但该评估方法却能

清晰地勾勒出学生学习的前景与架构。目前，中国的教育目标已经转向培育具备多样性和创新思维的优秀人才，这个目标也随之转化为以成果为导向的教育观念和评估手段。在这里，我们所说的"成果"并不仅仅是指学生的考试成绩，也不是仅仅看重他们的短期表现，而是更多地关注他们在学习活动中真正吸收的知识、技巧、价值观和情感，这些都具有实际应用价值和持续的影响力。因此，在数字社会学人才培养过程中，我们应重视过程的管理，引导问题导向，强调实践应用，以便让教育更好地推动社会的进步，提升高校的地位，以及增强中华文化在全球的影响力。

在数字社会学的教育领域，我们应该把提升学生的全面素质作为首要任务，同时重视他们的创新思维，以及如何将人文素养与科学精神相结合。此外，我们还需强调跨学科知识和技能的实际运用。因此，在衡量数字社会学教育的成效时，我们需要采用一种新的评估理念，即以结果为导向，这将有助于改变传统的教育评估模式。首先，我们应从社会的需求出发来确定我们的教育目标，然后根据这些目标来设定相应的评估标准。其次，我们将通过评估学生是否达到了这些目标来判断他们的学习成果。这种全新的教育评估系统是以产出为中心的，它是由社会各界人士，包括企业、教师和学生，根据他们各自的需求共同设计的。这个评估系统具有多元的特点，并能区分学生的各种能力，以便更好地评估他们的学习成果。我们应重视个体在学习过程中所取得的进步。通过对各个方面的学习成果进行量化评估，我们可以确定学生获取的成就程度，从而提升教育的品质和效能。此种策略不仅有助于深度洞察学生的表现，而且可以全面评估他们在不同学习阶段的表现，从而降低学生之间的竞争压力。在以成果为导向的评估体系中，社会的需求被视为学习的起点和终点，这有助于确保人才培养的目标与学生的实际成果相吻合。

(二)秉持科学精神与人文精神的有机融合

在进行学生学习成果评估时，科学性和人文性是两个不可或缺的核心基本要求。这种评估工作需要充分关注个体学生、社会环境和文化背景等多个方面的因素，其核心目标是要尽可能真实全面地反映学生在学习过程中的实际状况。学科类专业的教学标准在设计目标体系时，应当突出强调科学精神与人文精神的有机融合。在学生掌握专业知识和技能方面，我们需要制定标准化的评价考核标准，并确保这些评估准则能够具备足够的客观性、科学性和严谨性。而在学科专业知识内容和技能方法的应用方面，则需要充分考虑其在社会实践中的实用性和可操作性，在此基础上构建出对应的学习效果考核指标。在关注学生个性品格培育和文化修养塑造方面，评估标准的设计应该基于人文关怀的视角，同时要充分体现文科类教育的培养目标、人才规格以及价值观念等多样性的特点。在实际开展评估工作时，应该坚持将科学精神和人文精神有机结合在一起，既注重过程管理也注重结果应用，并把二者有效融合统一起来，最终形成一个完整系统的教学质量管理体系。为了确保评估工作能够顺利推进，我们需要对各项评估指标的内涵进行简明清晰的解释，以避免参与评估的各级教职员工对指标产生理解错误或者理解歧义的情况，同时评估指标的设计也应该尽可能准确反映出文科学科知识结构和个体学习成长规律的客观性特点。此外，为确保评估工作得以有序开展，还需要制定科学合理的实施程序，并建立起一套完善的评估结果反馈机制。因此，我们应该努力拓宽评估信息的收集渠道，争取获得更加充足的第一手评估数据，并运用科学的统计量化分析方法，这样可以更好地对应用指标体系进行全面系统的定量化分析，从而确保学习成果评估体系的内在逻辑自洽性。建立科学有效的评估方案，是确保评估结果准确可靠的一项重要工作保障。但是，在具体制定数字社会学的学生学习成果评价标准时，我们必须深入了解教育工作的人文属性和历史渊源，坚持将科学方法与人文精神相结合的教育指导原则。在评估标准的构建过程中，应该注重培养大学生的社会责任感，并以正确的价值观念引导他们的成长。评估工作应该充分反映出每个学生的个性特征、内心世界的变化以及学生的态度转变情况，我们必须确保学习成果评估标准能够与立德树人的核心理念保持高度一致，防止评价方式变得过于固定化、模式化以及形式化，从而可以最大限度地发挥教育评估在人才培

养过程中的积极作用。此外，在评估工作中还应注意把握各种关系的
平衡。

(三) 坚持将定性分析与定量统计相融合

在对事物的认识过程中，个体往往会经历一个"从定性分析到定量统计，再回到定性分析，最后再到定量统计"的认知发展模式。这进一步强调了我们在评估个体认知行为的过程中，必须坚持将定性分析与定量统计相融合的策略，并且应以可持续性的角度来建立评估的标准体系。通过构建一个建立在知识管理理论基础上的评估框架体系，我们可以将其有效应用于对大学生数字社会学学习成效动态监测的实际工作中。在具体制定数字社会学大学生的学习成果评估标准时，我们不仅要确保所设计的评价工具具有良好的合理性，还要为政府管理部门、高等学府以及其他教育管理部门提供较为具体和客观的评估结果，以指导和帮助他们能够做出更富有针对性的决策部署和教育发展规划，满足社会对高校人才培养质量进行认证、选拔和鉴定的外部需求。同时，我们还需要充分强调定性评价的价值理性导向，深入挖掘个体学习活动过程和学习经验中所蕴含的过程性价值、创造性价值和多样性价值成分，对大学生的成长经历进行深入剖析，使评估工作能够更好发挥意义建构和价值判断的作用，持续激发大学生的内在学习发展动力，在这些工作基础上，建立起运用量化统计方法得出的学生学习成效综合评价体系，以更好地实现人才培养的目标要求。文科类教育具有难以进行量化统计的显著特点，如果仅仅依赖"定量统计主义"不仅面临操作难题，也缺乏科学性，这不利于评估工作实现深入挖掘的要求。因此，在具体开展评估工作时我们必须坚持以质性研究方法为主要手段，同时采用多学科交叉综合分析的方法来确定最终的评估结论，这既体现了人文社会学科的学科特征，也符合当代人文社会学科发展的时代趋势。大学生是一个个性特征和共性特征高度统一的个体，在评估数字社会学大学生的学习成果时，我们应该采用抽象思维分析和系统描述手段相结合的评估方法，评估标准体系中的各个具体指标要素的

内涵应运用描述性的语言进行表达，目的是要从质性角度评判学生的学习状况，以更好促进学生实现自我完善和自我提高。同时，还需要适量加入一些定量描述性指标作为评估的辅助支撑材料，以使最终得出的评估结论分析更加科学。

研究篇

第五章　我国数字社会工作人才队伍建设研究

第一节　数字社会工作人才队伍建设的主要问题及原因分析

在全球经济增长、民众生活质量提升的当下，数字社会建设呈现出惊人的发展速度。数字社会工作专业人才不断增加，其教育背景和年龄构成也在逐步优化。尽管如此，我们仍需正视这一领域的诸多挑战与局限。

一、数字社会工作人才队伍建设出现的主要问题

尽管中国已经具备了数字社会工作的基本条件，并且数字社会工作的人才队伍正在不断扩大，然而，建立一支强大的数字社会工作人才队伍仍然是一个极具挑战性和复杂性的任务。随着经济社会的高质量发展，数字社会工作实现职业化和专业化的呼声日益强烈。

(一)数字社会工作人才队伍储备不足

尽管我国已开始构建数字社会工作的专门人才库，然而，我国仍面临着数字社会工作人才储备不足以及专业技能水平偏低的问题。

首先，尽管数字社会工作的专业教育已经有了一定的基础，但在全国范围内，我们距离建立一个全面的专业化数字社会工作队伍还有很长的路要走。虽然在一些特定行业中已设立了数字化的社会工作职位，然而，由

于专业人才的稀缺，这些职位往往由非专业或半专业人员担任，他们在任上并未获得充足的学习机会，这使得社会服务的质量难以得到保障。

其次，对于许多参与社会服务的职业人员来说，他们的专业技能还有待提升。尽管已经接受了基本的专业培训，但是他们对数字社会工作的核心价值观、知识体系以及实践技巧的深度理解和吸收仍然存在不足，其中包括对数字社会工作的认可度不高，缺乏足够的动力等问题。因此，在构建数字社会工作的专业队伍时，我们不仅需要强化专业训练，以培育具备更多专业技能的人才，同时也需要推动全体从业者调整思维方式，明确自身角色，积极学习，提升专业素养。

尽管许多高等教育机构致力于培养数字社会学专业的学生，然而，许多毕业生并未真正投入实际工作中去。那些拥有一定的专业知识和社会经验的数字社会工作专家，也必须通过不断的实践来完善他们的技能，从而充分发挥出他们应有的专业能力。

(二)数字社会工作人才队伍发展失衡以及结构不尽合理

在数字社会的构建过程中，我国数字社会工作人才队伍建设面临着结构失衡问题。

1. 区域发展的失衡

这种失衡主要体现在两个层面：一是城乡之间的发展差距，二是东西部的差异。对于数字社会工作人才队伍的建设来说，城乡间的差距尤为明显，数字社会工作的主要力量集中于城市。

2. 年龄层分布失衡

数字社会工作的工作环境面临着年龄层分布失衡的问题，主要表现为年长的员工比例过高，而年轻的数字社会工作者相对较少。这种现象在短期内很难得到根本性的改善。同时，我国的高等教育机构培养出的数字社会工作专业人才数量有限，尽管所有毕业生都被分配到相关领域的工作岗位上，但仍然无法满足社会的需求。值得注意的是，许多从事这类工作的员工，包括那些通过培训和考核获得数字社会工作认证的人，他们的平均年龄都较高，而且有一部分人由于年龄问题而无法胜任这个职位。这种情况削弱了数字社会工作者的创新能力。

3. 职业发展不能满足实际需求

在数字化的社会环境下，我们发现现有的职业架构无法满足实际的需求。首先，数字社会工作的劳动力资源相对匮乏，而高级的专业技能人才更是稀少。当前，许多负责数字社会工作的领导职位被分配给了年长的员工，他们并非专业出身，而是从其他领域调任而来，或者是长期从事数字社会工作的人员。其管理方式常常不规范，甚至存在一些不合理的状况。此外，由于行业的法规和标准尚不完善，这也阻碍了数字社会工作人才队伍的发展。

(三)数字社会工作行业自我约束机制与评估体系不完善

(1)数字社会工作的专业性和职业进步不仅依赖于外部监管，如法律规定、政府部门和社会的审查，还需要内部自律，形成完善的行业团体自我约束机制。专业协会的创建和发展对于实现专业自律、推广专业价值观念、遵守专业标准、整合资源、树立专业权威等方面具有关键性影响。数字社会工作协会和数字社会工作专业教育协会的成立，尽管在组织架构上为推动数字社会工作的职业发展和数字社会工作专业教育的自律提供了一定的支持，但仍有许多工作需要完成。对于监管机构来说，其职责的执行不仅依赖于法律条文和政府授权的明确定位，还需自我提升公信力并强化内部自律机制的构建。这两者缺一不可，前者是通过法律和政策来界定，后者则是机构自身的努力方向。

(2)数字社会工作评估体系的目标是全面而深入地分析和评估数字社会工作者的工作成果。它依赖于科学研究方法和技术的应用，以便系统地评估数字社会工作所带来的影响，并对整个干预过程进行梳理。此外，该评估体系还需关注数字社会工作是否实现了预期的目标，以及其效果如何。评估体系在数字社会工作中扮演着至关重要的角色，因为它不仅能揭示干预过程中的成功与失败，而且还能为数字社会工作者的绩效提供一个公正的评判标准。通过这样的方式，我们可以确定数字社会工作的发展方向，同时也可以调整那些不合理的工作策略，以提升数字社会工作队伍的服务质量和效率。

二、数字社会工作人才队伍建设存在问题的主要原因

在数字时代，社会工作的发展状态是由多种元素共同塑造的，这些因素之间形成了一种相互影响、相互依赖以及互相推动的复杂关系。

(一)在构建和运营数字化的社会服务领域，相关部门重视不够

构建一个强大的数字社会工作人才队伍是一项复杂且多变的任务，它涉及许多方面的因素。若想成功打造出一支技能精湛、实力强大并能发挥巨大作用的数字社会工作人才队伍，必须从上至下，由主管机构予以高度关注及支持。此外，各级别的主管机构也应给予同等程度的关注及支持。

尽管管理层和执行团队拥有良好的意愿，但在实际操作过程中，由于执行力的不足，往往难以实现预期的目标。主要因素包括：数字社会工作管理的局限性和多元社会发展的限制，这不仅反映在他们的技能、知识和政策水平上，还体现在他们的能力上。首先，由于政府部门对数字社会工作的关注不足，以及对相关高等教育的投资有限，这使得数字社会工作的专业教育与培训发展滞后。此外，负责专业技能培训的教师和管理者的自主权受到限制，这也进一步加剧了问题的产生。其次，一些直接参与数字社会工作的政府部门，也面临着工作人员素质和政策执行能力上的差距。如果这些部门的管理层素质不高，那么他们的工作效果可能会大打折扣。最后，各地区的数字社会工作从业者在角色上既是被建设的对象，也是众多社会建设者的一员，其工作责任感直接影响工作效果。

(二)数字社会工作人才队伍建设受到外部环境因素的影响

在构建数字社会工作人才队伍时，我们需要考虑多种因素，其中包括社会环境的多样性以及数字社会工作的实际操作性，这些因素共同影响着

数字社会工作的人才队伍建设。在个人与环境相互依存的关系中,人类可以塑造环境,而环境也能限制人类有意识、有计划和有思考的行为。因此,外部环境对数字社会工作人才队伍的建设有着直接的影响力,它是引发各类问题的重要外在因素。

(三)数字社会工作人才队伍建设受体制机制的影响

当我们在各个地区大规模地推进数字社会工作专业人才的培养时,我们会遇到许多挑战和难题。这些问题的出现,很大程度上是由特定的制度、体制和机制所引发的。制度经济学指出,制度是一种社会行为准则,更具体来说,它是人们为了确定彼此之间的互动关系而设定的约束条件。数字社会工作人才队伍建设面临着一个关键问题,即体制的不流畅对其产生了一定的影响。此外,当前的制度过于理论化,缺乏实际操作性,大量的政策、策略和方案需要进一步优化和改进。

第二节　对我国数字社会工作人才队伍建设的反思

数字社会工作专业教育是由相关领域的专业组织、机构或专业人士系统专业地为培养对象提供的针对性培训。数字社会工作专业教育的目的在于确保培养对象在专业知识体系、实践技能、职业伦理规范和实务经验等方面都能够达到从事数字社会工作专业实践所需要的要求标准,以完成个体从非专业人士向专业人才的转化和专业社会化过程。我们这里主要探讨和分析的是当前高等院校开设的数字社会学专业课程在人才培养过程中的情况。所谓数字社会工作专业人才,指的是那些既具备系统的专业技能,又具有扎实的专业知识水平,同时还兼具良好的职业道德品质与职业精神,并能够胜任数字社会相关领域实际工作的专业化人才。当我们探讨数字社会工作领域的人才培养方式时,一个核心的议题是应该培养何种类型的数字社会工作专业人才,这同时也涉及人才培养的目标定位、课程设置与教学方法等多个层面问题,其中又以"何种类型的人"才能最终成长为一名真正合格和称职的数字社会工作专业人才这个问题最为关键。在学术界，数字社会工作专业人才通常被划分为通才型人才和专才型人才这两大类。在当前我国的高等教育体系条件下，我们是应该侧重培养通才型的数字社会工作人才，还是应该更加关注培养专才型的数字社会工作人才，以更好地满足当代中国社会的实际需求？这个问题的探讨与解决同时涉及高等教育学和教育学这两大重要学科领域。从更为宏观的视角来看，在人类高等教育发展的整个历史长河中，社会应该如何在通才教育和专才教育这两种教育理念之间做出正确选择，这本身就是一个极其复杂的重大议题。因为在这一选择过程中往往有众多的影响因素相互交织并发挥着各自独特的作用，而最终的决策方案常常就是这些因素共同作用的产物。同样，当我们深入探讨和分析中国当前阶段数字社会工作专业教育的人才培养模式选择问题时，这也绝不是一个可以轻易明确回答的简单明了的议题。因为数字社会工作专业教育并不是一个独立自主的封闭系统，而是在长期发展过程中已经深深根植于我国的整体高等教育体系之中，它也与我国自身独特的文化传统背景、社会政治状况以及经济发展水平等诸多方面有着千丝万缕的内在联系，这许许多多不同的影响因素都在使用各自的方式对数字社会工作专业教育的发展方向产生着潜移默化的影响。尽管这个问题存在诸多复杂的影响因素，我们仍然可以从这些错综复杂的因素关系中分析提取出其中一些起着关键性作用的核心要素，把这些关键因素拿出来进行深入的逐一分析和讨论，以获得更为全面系统而又深刻准确的解决方案。

一、社会文化与数字社会工作人才培养模式的关系

(一)文化与数字社会工作的关系

人类与其他生物的明显区别在于，人类创造了丰富多彩的文化遗产，并在全球不同的国家和地域内孕育培育出许许多多独特的文化形态。文化作为社会历史进程和人类精神领域的重要组成部分，在整个文化形成过程中发挥着极为关键的作用。从人类学的视角来看，文化构成了人类在长期

生活实践中逐步积累起来的基础生活经验的总和。因此，我们可以用一整套语言系统来描述和解释文化中的各个方面。从社会学的视角来看，文化代表了一种与自然现象截然不同的人类社会行为方式的全部成果和财富结晶，文化涵盖了人类创造的丰富的全部物质文化和非物质文化事物。文化既可特指属于精神层面上的文化结晶，也可具体指属于物质层面的文化成果。从另一个角度来看，自然界原本并不存在"文化"这一概念，但自从人类开始在自然界中生存以来，所有经过人类开发利用和加工从而获得更高价值的事物都应被视为人类文化的一部分。所以说，文化应被理解为一种在特定的历史条件下逐步形成并不断发展壮大起来的力量，它对于指导个人、集体乃至整个社会的行为发挥着重要作用，文化同时也代表了一整套行为规范体系。文化所包含的范围非常广泛，其中既包括传统的风俗习惯，也包含现代的道德规范、法律原则，乃至一个民族的核心价值观念等，只有以这些丰富的行为规范体系作为指导，一个社会才能在实践中找到解决问题的思路和提供行动的蓝图，人们的日常生活也才能有明确的行为标准参照。因此，我们必须认识到，文化不仅是一种知识积累和传播的系统，而且也是一整套规范人类行为的重要力量。换句话说，文化的存在对于促进人类个体之间乃至整个社会的和谐发展，增进人们在行为层面上的良好互动与高效合作发挥着不可或缺的重要作用。当然，任何一种文化的产生和发展都必须依靠特定的物质载体作为其存在的基础。与此同时，我们也应该认识到，一个社会系统中的诸多不同元素之所以能够如此紧密地结合在一起，并形成一个有机统一的整体，其中最关键的原因就在于不同文化之间存在着千丝万缕的内在联系，文化发挥了强大的社会整合功能。甚至可以说，文化本身就是推动一个社会实现变革和进步的重要动力。更为重要的是，人类之所以能够从最初的单个生物个体转变为社会化的成员，其中最关键的影响因素就在于人类个体逐步吸收了文化因素的影响并加以内化，这一过程也被称为人的社会化过程。简言之，从人类文化得以诞生和发展之日起，人类的方方面面行为选择就在文化这一力量的指引和约束下得以开展。因此，如果我们要真正系统地研究人类文化这个重大议题，就绝不能忽视文化对人类个体乃至整个社会行为方式选择所发挥的制约和规范作用。

　　数字社会学作为一门新兴的专业，是在西方社会意识形态、认识论范式以及现代科技发展等诸多因素相互影响的背景下逐步孕育发展起来的。随着当代信息技术的迅猛发展以及全球一体化进程的不断推进，数字化时代已经全面到来。因此，我们有必要将数字社会工作专业教育和专业发展这一重要议题，置于一个更为宏大的政治、经济、社会和文化大背景下加以深入探讨和研究。如果我们在分析和讨论数字社会工作专业教育发展问题时忽视了具体的社会文化语境因素，这样的讨论就很难触及真正的核心要害。要对数字社会工作专业教育发展质量进行科学评估，解决专业建设过程中的关键问题，其核心标准和最重要的判断视角就在于充分考量这门专业发展是否真正满足了当代社会发展对专业人才的需求，是否适应了社会需求的不断变化。简言之，数字社会工作的内涵描述了一种以数字社会工作人员与服务对象之间互动合作为核心的工作过程，这一互动过程需要始终将服务对象的需求置于核心位置。在此过程中，数字社会工作人员需要通过对整个社会结构进行细致观察和分析并收集相关信息，以期更好地帮助改变服务对象所处的生活处境，使其能够更好地适应新的社会角色需求。而数字社会工作人员与具体服务对象之间的互动方式也是由二者所处的社会文化因素共同决定的。在具体操作过程中，每一位数字社会工作人员在与服务对象进行沟通和互动时，都会受到服务对象所处的特定社会文化环境背景以及服务对象的个体特征等多重因素的制约和影响。更为具体地说，服务对象自身的心理状态和行为习惯很大程度上是在其长期生活的社会文化环境影响下逐步形成的，因此，每一位数字社会工作人员都需要针对具体服务对象，深入了解其所处的社会文化背景和相应的环境制约情况，只有这样才能在此基础上制定出最合适的工作介入策略，并能够提供必要的专业支持，以更好地帮助服务对象克服困难，实现自身的积极发展。

(二)中西文化模式的差异及其对数字社会工作专业教育的影响

数字社会学这一新兴专业的产生和发展历程深受西方社会文化价值观的影响，数字社会工作理念也反映了当代西方社会普遍认同和接受的一整套核心价值观念。因此，当数字社会工作这一新兴专业首次被引入中国之后，在专业发展过程中也不可避免地受到了西方社会文化理念的影响，并在此基础上逐步形成了与西方社会有所不同的本土化发展特点。因为中国社会自身拥有悠久灿烂的历史积淀和深厚独特的文化底蕴，中华传统文化既古老又丰富多彩。在这样的文化大背景下，具有广博内涵的中华传统文化与注重理性分析的西方现代文化在许多层面上构成了两个完全不同的文化认知体系和发展脉络。鉴于中西方在社会文化积淀和日常生活方式等诸多方面都存在着显著的差异，因此西方社会形成的数字社会工作专业介入方式与框架，也就理应在当代中国的实际应用中有所调整变通，以更好地贴合中国社会的实际需求。

在西方社会文化背景中，数字社会工作这一专业的核心价值观主要建立在个人自由、人人平等、博爱共生以及充分尊重每个人的个人权利等理念基础之上，其中个人主义思想和人本主义理念更被视为西方数字社会工作理念的深层内涵。这种明显倾向于个人权利至上的价值取向和理念基础，导致西方数字社会工作理论体系在自身建构过程中不可避免地存在一些局限性。例如，由于西方社会文化中个人主义思想和人本主义理念的高度发展，过分强调对个人利益和个人自主成长需求的尊重，因此西方的数字社会工作理论框架也就形成了一种"以个体服务为核心"的明显特征。这种理论体系非常强调从微观层面进行社会问题分析，高度关注每个人的个性心理特征，并且认为每一个人都应作为一个独特的、个性化的且富有内在价值的生命存在而获得充分尊重。因此，这种理论也就极大地推崇按照每个人独特需求进行个性化的社会工作服务，并且也更倾向于在实践工作中采用注重个体心理辅导的微观介入手段。例如在个人和家庭服务层面，西方数字社会工作人员普遍采用由资深专家单独进行的个性化辅导方式，这种工作方式非常强调技术层面上的细致入微式个案干预手法，而数字社会工作专业教育和培训也由此更加强调针对这种工作方式培养专业化的数字社会工作人才。

二、对数字社会工作人才培养的反思

数字社会学作为一门新兴的社会工作专业，其产生和发展是当代社会变迁的必然结果。面对现代工业社会所带来的种种复杂社会问题和挑战，我们需要形成一整套不同于过去的新的专业化应对策略。专业化的数字社会工作人才与其他类型的非专业社会工作者或者纯粹的志愿者助人者不同，他们不再是单纯依靠个人善意和热情从事公益活动的救济者，而是需要在特定的社会工作环境中从事信息搜集、信息整理甚至将信息进行科学分析从而应用于实际工作过程中的专业人员。可以说，数字社会工作人才的核心工作任务就在于针对社会生活的特定问题领域，运用专业知识和技能来提供系统的解决方案。当前和未来一个时期的数字社会进步发展，迫切需要大量数字社会工作人员不断提高自身信息处理能力、人际交流与协作能力、科学决策能力以及其他多种专业素质。因此，数字社会工作专业教育的根本目标应该是为社会培养造就一大批能够真正满足当代社会各领域对数字社会工作专业人才迫切需求的高素质的数字社会工作从业人员。为了更好地实现这一人才培养目标，数字社会工作专业教育必然要为之服务，首要之务就是需要明确专业教育所要培养的人才类型以及人才培养的具体目标。目前，我国在国家层面上似乎还没有出台非常明确和系统的关于数字社会工作专业教育的人才培养目标的文件或规划。但是，既然我们已经基本明确了数字社会工作专业教育需要培养什么类型的人才这一根本问题，那么在实际教育中，数字社会工作专业教育机构应根据目标人才具体特征，采用特定的人才培养策略和教学方法来培养造就一大批真正合格的数字社会工作专业人才。

当然，我们也要清醒地认识到，数字社会工作专业教育的发展，既受体系内部多方面因素的影响，也受到外部社会环境变化的影响。我们不能简单地根据个人主观兴趣和爱好来选择数字社会工作人才的培养策略，而应该将数字社会工作专业教育置于更为广阔的社会发展环境加以审视，全方面考量各种可能的影响因素，进行深入细致的研究分析，最终才能对这个专业教育发展的重大问题得出一个相对完整而令人满意的答案。基于这种认识，本书拟从数字社会工作的专业知识结构、数字社会工作专业教育的发展状况、数字社会工作所处的社会文化背景、数字社会工作发展对人才的现实需求以及数字社会工作专业教育的发展在教育体系中的环境位置这五个关键维度来对这个重要问题进行多角度探讨。

第六章　我国社会学专业人才培养研究

第一节　我国社会学专业人才培养的现状

社会学是研究社会行为、社会关系以及社会结构等社会现象的学科，它涵盖了对个体、群体、机构以及社会整体的分析。它是一个由系列分支学科组成的集合性学科，近几年来随着我国教育主管部门相关政策的出台，学科进一步细分，除社会工作、人口学、理论社会学、实用性社会学外，还包含了许多社会管理的相关内容。社会学专业人才的培养注重理论知识和实践技能的结合，旨在让学生深入理解社会变迁的规律，掌握社会调查和实地研究的方法，从而能够分析和解决社会问题。据有关数据统计，全国有94所院校开设了社会学专业，社会学专业培养的人才在推动社会建设、创新社会治理、促进社会进步、增进人类福祉等方面具有不可替代的作用。为了解目前我国高校开设社会学专业的现状，本书选取中国人民大学等国内6所开设社会学专业的高校进行分析，多方位呈现社会学学科的发展态势。

一、培养目标

2018年1月教育部发布了《普通高等学校本科专业类教学质量国家标准》(以下简称《国标》)，这是教育部向全国、全世界发布的第一个高等教育教学质量国家标准，对建设中国特色、世界水平的高等教育质量标准体系具有重要的标志性意义。根据《国标》要求，社会学专业教育教学应坚持以马克思主义为指导，培养学生的社会主义核心价值观，确保学生具备正确的世界观、人生观和价值观。社会学专业人才培养目标是为国家和社会培养具有社会责任感、创新精神和实践能力的高级专门人才。学生应深入了解和贯彻党和国家的方针政策，具备良好的人文素养和科学精神，熟练掌握社会学专业的基础知识、基础理论和基本方法，包括社会调查、数据分析、社会分析等方法，并能够运用这些知识和技能解决实际社会问题。社会学专业要培养能够在党政机关、教育、科研、文化、民族、宗教、新闻传播等领域，以及社会团体、福利机构、企业等组织从事专业性工作，或者运用社会学专业知识独立创业，组织提供社会服务，具备较高理论素养、较强实践与创新能力的复合型人才。

根据上述培养目标，结合各高校培养方案中培养目标的描述，我们将目标内容归纳为人文素养、科学精神、社会责任、创新创业意识、专业基础知识等17个方面。从表6-1可以看出，在专业基础知识、专业基础理论、专业基本方法和解决问题的能力等方面，6所高校的社会学学科均有所提及，但在其他方面，每个高校涉及的方面均有所不同。

表6-1　6所高校社会学学科本科培养目标

	中国人民大学	南京大学	清华大学	中央民族大学	中国农业大学	中国政法大学
人文素养	1	1			1	1
科学精神	1	1	1			1
社会责任	1		1	1	1	1
创新创业意识		1				
专业基础知识	1	1	1	1	1	1
专业基础理论	1	1	1	1	1	1
专业基本方法	1	1	1	1	1	1
国际视野	1	1				
国情意识	1	1			1	

	中国人民大学	南京大学	清华大学	中央民族大学	中国农业大学	中国政法大学
分析能力		1		1	1	1
外语水平						1
解决问题的能力	1	1	1	1	1	1
跨文化沟通能力	1	1				1
自我调适能力	1	1				
服务社会的能力	1	1	1		1	
管理社会的能力	1				1	1
独立研究能力	1		1		1	1

注：资料来源为 2022 级中国政法大学社会学类相关专业本科生培养方案、2021—2022 级清华大学社会学类相关专业本科生培养方案、2019 级中国人民大学本科生培养方案(法政与社会学大类)和 2015 级南京大学社会学类相关专业本科生培养方案。各培养方案中若有相关内容，则标注为 1；若无，则不标注。

二、培养要求

根据《国标》要求，社会学学科培养要求包括素质要求、能力要求和知识要求三个方面。根据收集到的相关材料，4 所高校培养要求如表 6-2 所示。

表 6-2　各高校社会学学科本科培养要求

		中国人民大学	南京大学	清华大学	中国政法大学
素质要求	思想道德素质	1	1	1	1
	文化素质	1		1	
	身心素质	1			
	专业素质	1	1	1	1

		中国人民 大学	南京大学	清华大学	中国政法 大学
能力要求	基础技能	1	1	1	1
	专业能力	1	1	1	1
	学习与创新知识的能力	1	1	1	1
	自主学习能力	1			
	职业工作能力		1		1
	数据分析能力	1	1	1	1
	独立开展学术研究的能力	1	1	1	1
	发现问题/解决问题的能力	1	1	1	1
	有效的沟通能力			1	
	外语能力				1
知识要求	基础知识	1	1	1	
	人文社会科学知识	1	1		1
	自然科学知识	1			1
	国情与国际知识	1			
	专业知识	1	1	1	1

在素质要求方面，4所高校一致强调相关专业本科生必须具备优秀的思想道德修养和专业能力。此外，中国人民大学和清华大学特别强调了学生应具备一定的文化素养。而中国人民大学更进一步，明确提出了对学生身心素质的具体要求。

在能力要求方面，四所高等学府均对相关专业本科生的能力培养提出了明确的标准。这些标准包括但不限于掌握学科规定的基础技能、发展专业能力、具备学习与创新知识的能力、强大的数据分析能力、独立开展学术研究的能力以及识别和解决问题的能力。中国人民大学特别强调了学生应具备的自主学习能力，而清华大学和中国政法大学则分别对学生的有效沟通能力和外语能力提出了具体要求。此外，南京大学和中国政法大学还对学生未来的职业工作能力给予了高度重视。

在知识要求方面，四所高等学府均对相关专业本科生的知识结构提出了具体要求，强调必须掌握本学科的核心知识体系。然而，清华大学对于人文社会科学领域的知识并未做出强制性要求。南京大学和清华大学对于自然科学的知识也没有做出明确的规定。至于中国政法大学，则没有对基础知识的具体要求做出明确指示。

三、学制、课程设置与学分

课程体系根据知识的属性可分为理论课程和实践课程两大类别。理论课程进一步细分为通识教育课程、公共基础课程、专业基础课程以及专业课程。实践课程则包括公共实践课程和环节，以及专业实践课程和环节。根据知识的结构特点，课程体系又可分为基础知识和专业知识两大类课程及环节。而从专业教育培养的角度来看，课程体系则可分为专业核心课程和实践环节，以及非专业核心课程和实践环节，以适应不同培养目标的需要。

对于社会学专业的课程体系，《国标》要求其培养方案和课程设置应当全面覆盖理论教学和实践教学课程（包括相关环节）、基础知识课程（包括环节）以及专业知识课程（包括环节）。此外，课程体系还应包含专业核心课程（包括环节）以及专业非核心课程（包括环节）。在各个专业的课程体系中，专业核心课程的数量不应少于10门，其中专业核心基础课程应不少于4门，专业核心特色课程则应不少于6门。

（一）六所高校学制

在对六所大学社会学类相关专业的学制进行统计分析后，我们得知南京大学的社会学和社会工作专业均设有4年的学制。清华大学的社会学专业同样采用4学年制。中央民族大学的社会学专业包含社会学和社会工作两个方向，实行文理兼招，学制为4年。中国农业大学的社会学专业也设

定为 4 年制。中国人民大学的社会学类本科包括社会学、公共事业管理
(公共政策与人口管理方向)和社会工作三个专业,基本学制为 4 年,但如
果学生在规定年限内未能满足毕业要求,可以申请将学习年限延长至 6 年。
中国政法大学的社会学专业包括社会学和社会工作专业,学制同样为 4 年,
但学生的修业年限可以在 3 年至 6 年之间灵活安排。这些专业的学生需完
成培养方案中规定的课程和学分要求,并通过考核才能毕业。

(二)课程模块与相应学分

根据《国标》的规定,社会学专业的本科生应当接受全日制 4 年的本科
教育,而采用学分制的学校则可以根据具体情况,对学制年限进行适当的
调整,既可缩短也可延长。通常情况下,总学分大约为 150 分。此外,根
据实际需要,学校可以实施灵活的学制安排,即弹性学制。

中国人民大学社会学专业的课程体系架构包括多个学习模块,如基础
技能学习模块、通识教育学习模块、素质拓展学习模块、专业教育学习模
块、实践教育学习模块和发展指导学习模块。这些模块各自设定了相应的
学分门槛,例如,基础技能学习模块需要获得 18 至 40 学分,通识教育学
习模块要求至少修习 25 学分,专业教育学习模块则要求至少获得 50 学分。
值得注意的是,尽管发展指导学习模块没有具体的学分要求,但它却是培
养方案中不可或缺的一部分。详细的学分要求见表 6-3。

表 6-3 中国人民大学社会学专业课程模块及相应学分

课程模块	学分
基础技能学习模块	18~40
通识教育学习模块	25
素质拓展学习模块	10
专业教育学习模块	50
实践教育学习模块	12
发展指导学习模块	—

南京大学的社会学专业课程体系由通识通修课程模块、学科专业课程模块、开放选修课程模块以及其他实践环节(包括学年论文、毕业论文和毕业实习)组成。整个课程体系的总学分目标为150分,其中通识通修课程模块的最低要求是56分。其他实践环节共计需修满10学分,而学科专业课程模块和开放选修课程模块则根据学科特点设置,但都要求必需获得40分以上的学分。具体的学分要求见表6-4。

表6-4 南京大学社会学专业课程模块及相应学分

专业名称	课程模块	学分	所占比例
社会学	总学分	150	100%
	通识通修课程模块	56	37%
	学科专业课程模块	44	29%
	开放选修课程模块	40	27%
	其他(学年论文、毕业论文、毕业实习)	10	7%
社会工作	总学分	150	100%
	通识通修课程模块	56	37%
	学科专业课程模块	42	28%
	开放选修课程模块	42	28%
	其他(学年论文、毕业论文、专业实习)	10	7%

清华大学的社会学专业课程体系涵盖了校级通识教育课程、专业相关课程以及专业实践环节。专业相关课程进一步细分为基础课程、专业核心认定课程以及专业选修课程三个部分。专业实践环节则包含夏季学期实习实践训练和综合论文训练两个方面。具体的学分分配情况见表6-5。

表6-5　清华大学社会学专业课程模块及相应学分

教育模块	具体课程类型	学分	所占比例
校级通识教育		44	29%
专业相关课程	基础课程	26	29%
	专业核心认定课程	32	21%
	专业选修课程	32	21%
专业实践环节	夏季学期实习实践训练	10	7%
	综合论文训练	15	10%

　　中国政法大学的社会学专业依据培养目标，并考虑到社会需求，构建了包括通识课程、专业课程、国际课程以及创新创业类课程的课堂教学体系。在该体系中，通识课程和专业课程均包含必修课和选修课。通识必修课共有15门，专业必修课的范围在24至36门之间，而专业选修课则有26至49门不等。具体学分分配情况见表6-6。

表6-6　中国政法大学社会学专业课程模块及相应学分

专业名称	课程模块	具体课程类型	学分	所占比例
社会学专业(157)	通识课程	一般通识必修课	12	7.64%
		思想政治类通识必修课	17	10.83%
		大学外语课组	12	7.64%
		体育课组	4	2.55%
		计算机课组	4	2.55%
		课外实践教学	21	13.38%
		全校通识选修	26	16.56%
	专业课程	16门核心课程	43	27.39%
		专业选修课	26	16.56%
	国际课程		2	1.27%
	创新创业类课程		2	1.27%

续表

专业名称	课程模块	具体课程类型	学分	所占比例
社会工作（165）	通识课	一般通识必修课	12	7.27%
		思想政治类通识必修课	17	10.30%
		大学外语课组	12	7.27%
		体育课组	4	2.42%
		计算机课组	4	2.42%
		课外实践教学	21	12.73%
	专业课	17门核心课程	49	29.70%
		专业选修课	28	16.97%
	国际课程		2	1.21%
	创新创业类课程		2	1.21%

第二节　我国社会学专业近三年毕业生招生就业情况分析

一、社会工作专业招生占比

图 6-1 展示了 2019 年至 2023 年全国高等院校社会学专业的招生人数计划。尽管社会学专业的年度总招生名额有些许波动，但整体上保持稳定，每年大约为 1.74 万名学生。人类学和社会学专业自 2020 年起列入招生计划，而社会政策专业则从 2022 年起开始招生。在社会学学科的招生计划中，社会工作专业占据了超过 65%的比例。

二、社会学专业招生分数

图 6-2 呈现了 2019 年至 2022 年社会学专业每年的平均录取最低分数线。2019 年至 2021 年，社会学专业的招生录取分数呈现逐年缓慢上升的

趋势。然而，到了 2022 年，985 工程院校、211 工程院校以及其他普通本科院校的社会学专业招生录取最低分数线出现了首次下降情况。

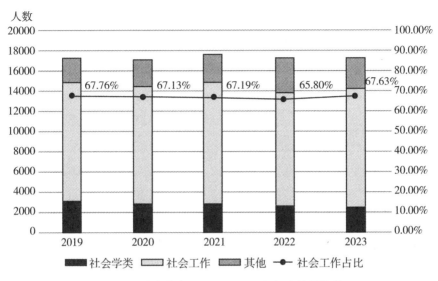

图 6-1　社会学专业 2019—2023 年招生计划情况

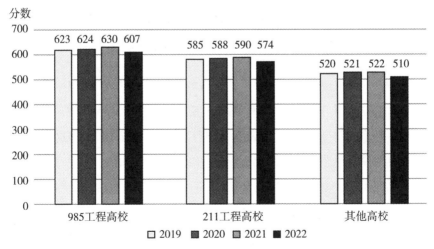

图 6-2　社会学专业 2019—2022 年平均录取最低分情况

三、报考社会学专业难度

图 6-3 揭示了 2019 年至 2022 年社会学专业在各省的本科线上分差情况，这些分差值代表了各省的平均水平。可以看出，理科生报考社会学专业的难度逐年减少。自 2020 年起，文科生和综合类考生报考社会学专业的难度也呈现下降趋势。

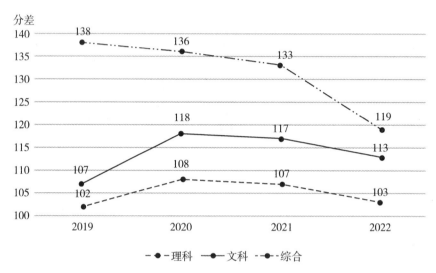

图 6-3　社会学专业 2019—2022 年本科线上分差（各省平均）

在社会学专业中，招生比例最高的专业包括按大类招生的社会学类、社会学专业和社会工作专业。表 6-7 列出了 2019 年至 2022 年这三个专业在各省的本科线上分差，这些分差值是各省的平均水平。无论是理科生、文科生还是综合类考生，报考社会工作专业的难度相对较低。相比之下，社会学类大类招生的录取分数线要求则相对较高。

四、社会学类毕业生就业率

社会学专业的毕业生在就业市场上通常会选择从事教育、媒体和市场调研等领域的工作，常见的职位包括人事行政和新媒体运营等。值得注意的是，社会学专业毕业生的工作与他们的专业相关性并不是很高。图6-4揭示了2019年至2022年社会学专业毕业生毕业半年后的就业状况。由于疫情及其对宏观环境的影响，全国本科生的就业率呈现逐年下降趋势。然而，社会学类毕业生所从事的工作与他们的专业相关性较低，且就业方向较为灵活，就业率一直维持在约90%的水平。

表6-7 2019—2022年社会学类、社会学、社会工作专业本科线上分差(各省平均)

年份	社会学类			社会学			社会工作		
	理科	文科	综合	理科	文科	综合	理科	文科	综合
2019年	163.7	140.2	136.1	160.6	105.7	110.9	88.4	75.5	74.7
2020年	161.6	143.3	159.9	153.7	110.2	132.2	97.9	78.3	83.1
2021年	175.5	141.1	158	149.3	112.2	120.9	97.4	75.2	79.3
2022年	151.9	135.6	147.3	131	105.7	116.4	87.8	75.4	80.5

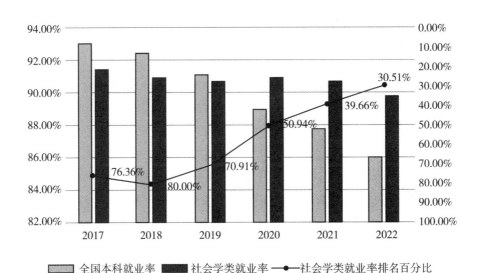

图6-4 社会学专业2019—2022年毕业生毕业半年后就业情况

第三节 社会学专业人才培养存在的问题及面临的挑战

一、社会学专业人才培养存在的问题

(一)重视社会学基础理论知识传授，忽视学生数字技术应用能力培养

在现有的社会学专业课程设置上，主要强调社会学基础理论知识和专业知识的学习，数字技术能力培养方面仅仅学习一些基础课程，如信息社会学、网络社会学等课程，在数据科学、人工智能、区块链等新兴技术应用方面则较为薄弱。这导致学生对数字社会学基础理论知识掌握良好，但缺乏利用新技术来分析和解决实际社会问题的能力。针对这一问题，社会学专业应增加数据挖掘、机器学习、智能算法等计算机科学与技术相关的课程，加强对大数据、云计算、区块链等前沿技术的应用学习。同时，在课程教学中增加更多案例，强化学生在解决实际问题中运用新技术的能力。只有这样，才能培养出适应地方经济社会发展需求，能够运用新技术进行社会调查、数据分析、问题诊断的数字社会学人才。

(二)教学内容脱离本地社会发展实际，无法满足学生就业需求

地方经济社会发展面临数字化转型，而社会学专业教学内容与地方经济社会发展需求存在脱节，无法培养适应地方就业的应用型人才。在教学内容选择上，现有的社会学类课程大多停留在理论层面，没有考虑地方的实际情况。例如，在选择教学案例时，老师多采用国外典型案例，很少结合地方发展现实列出案例进行分析。教学内容应该针对本地在发展过程中遇到的问题，如文化传承、民族融合、乡村振兴、社区治理等方面的数字化应用需求，设计相关的案例进行教学；通过与地方政府、企业合作，了解本地数字化进程中存在的问题与需求；同时，邀请地方行业专家来校交流，了解目前社会对数字社会学人才的需求。只有做到这一点，课程内容

才能真正贴近地方需求，学生学习的知识才能在未来工作中得到实际应用。

(三)采用传统教学方法，学生的学习主体地位和个性发展无法充分发挥

目前高校课堂教学多以教师讲授为主，学生在整个教学过程中处于被动接受知识的角色，主动参与学习的机会较少。传统的填鸭式教学方式忽视了学生的主体地位，无法调动学生的学习积极性。教学方法应该进行改革创新，增加案例教学、项目学习、现场教学、学生讨论等环节；发挥现代信息技术在教学中的作用，采用网络课程、微课、翻转课堂等新型教学模式；鼓励学生参与课程内容的讨论与设计，针对学生个性化情况，采取分层教学与分组学习。只有充分调动学生的学习主动性，激发其学习兴趣，学生才能真正掌握知识并获得自身的全面发展。

(四)评价方式单一，过程性评价利用率低

目前对学生学习效果的评价多依赖于笔试考试这一单一的标准化评价方式，过分强调记忆与笔记，较少考查学生的思维能力、实践能力、创新能力等。评价方式应该进行改革，增加多种过程性评价手段，注重评估学生的分析问题和解决问题的能力；建立学生学习档案，记录其学习过程中的表现；同时，也可以聘请校外专家参与过程性评价，提高评价的客观性与全面性。只有这样，才能对学生的学习效果做出公正、全面的判断。

(五)实践教学环节不足，影响学生实际问题解决能力的培养

目前地方高校由于办学条件、资金支持、学生安全等各种原因，社会学专业人才培养的实践教学环节达不到人才培养的要求，学生的实习实践过程得不到有效监控，实践环节质量不高，学生社会调查机会不足，实践效果不高。实践教学对提高学生分析和解决实际问题的能力非常重要，应该增加学生社会调查项目，鼓励学生深入了解地方数字化进程中存在的问题；以项目驱动课程，要求学生以小组为单位，针对某一社会问题提出数字技术解决方案；建立多种类型的校外实习基地，让学生到政府部门或企业一线了解工作实际，参与数字政府的管理和基层社会治理，如此才能培养出适应本地需求的数字社会学应用型人才。

以上问题导致数字社会学人才培养与本地经济社会发展需求存在脱节，亟须从培养目标、课程体系、教学方法等方面进行改革创新，使之更加适切。为适应本地社会发展需求，数字社会学人才培养需要转变观念，创新教学内容，改进教学方法，加强实践环节，以应用型、复合型交叉学科人才培养为导向，使人才培养更加符合地方经济社会发展需求。

二、社会学专业人才培养面临的挑战

(一) 招生就业及课程设置面临的挑战

在社会学专业招生方面，由于社会对这类专业的认可度不高，导致报考人数较少，招生困难。此外，社会学专业毕业生在就业市场上面临的挑战较大，因为这些专业的毕业生从事的工作领域较为广泛，包括教育、科研、党政机关、企事业单位、社会团体等，但并非所有这些领域都需要社会学专业毕业生，这使得社会学专业学生在就业时竞争力相对较弱。

社会学专业涵盖的范围广泛，与经济学、政治学、人类学、心理学等多个学科交叉。这种学科交叉虽然有利于培养学生全面的知识体系，但在课程设置时容易出现内容繁杂、重点不明确的问题。学生往往需要在短时间内掌握多个学科的知识，这给他们带来了较大的学习压力。

(二) 成果转化不足，职业标准不明

其一，在社会学专业的研究与实践方面，存在一定程度的脱节现象。一方面，社会学理论研究较为深入，但与实际社会问题的结合程度不高，导致研究成果难以转化为实际应用；另一方面，实践教学环节不足，学生

缺乏实际操作经验,在解决实际问题时有心无力。

其二,社会学专业的职业标准不够明确,导致学生在就业时难以找到与自己专业背景相符的工作。虽然社会学专业毕业生可以从事教育、科研、党政机关、企事业单位、社会团体等多个领域的工作,但这些领域的职业要求和社会学专业教育的对接程度不高,使得学生在就业时难以明确自己的职业发展方向。

(三)数字社会建设给社会学人才培养带来的挑战

(1)知识更新的速度加快。数字技术的快速发展导致社会结构和社会行为的快速变化,社会学专业学生需要不断更新知识体系,学习新的研究方法和技术工具,以适应数字社会的要求。

(2)数据素养的要求提高。在数字社会中,数据成为研究社会现象的重要资源。社会学专业学生需要具备较强的数据收集、分析和管理的能力,这就要求他们在统计学、数据科学和信息技术等方面具有较强的技能。

(3)研究方法的变革。数字技术的发展为社会学研究提供了新的数据来源和研究方法,如大数据分析、网络分析等。社会学专业学生需要学习和掌握这些新的研究方法,以适应数字社会的研究需求。

(4)实践能力的培养。数字社会建设要求社会学专业学生不仅要有扎实的理论基础,还应具备将理论知识应用于实践的能力,如利用数字技术进行社会调查、分析社会现象、提出解决方案等。

(5)跨学科能力的培养。数字社会建设涉及多个学科领域,社会学专业学生需要懂得其他学科的知识,如经济学、心理学、计算机科学等相关知识,以形成跨学科的研究视角和解决方案。

(6)伦理和隐私问题。在数字社会中,个人数据的收集、使用和保护面临着伦理和隐私的问题。社会学专业学生需要了解和掌握相关的伦理和法律知识,以确保研究行为的合法性和道德性。

第四节　对地方高校人才培养的理论思考

一、高等教育价值理论：个人与社会的融合

教育的核心目标是促进人的身心成长，它连接个人与社会，拥有独特的价值。高等教育作为一个社会化的系统活动，是一个复杂的社会变迁过程。在一定程度上，高等教育的革新与进步代表着其功能的更新与拓展。

不同的价值观念会直接影响地方高校在人才培养实践中的发展。人才素质结构是一个有机整体，其形成和发展受社会、经济等条件制约。在特定时期内，它决定了人才培养活动的方向。而这一方向又会反过来影响人才培养实践，这种培养方式所产生的社会功能和效果，就是人才培养的效益。人们对效果的期待和对人才发展方向的预期，即建立什么样的培养模式、培育什么样的人才，都会受价值观直接影响。因此，人才培养的目的、内容、过程与结果都必须以正确的价值观为指导，如此才能保证培养目标的实现，达到培养人才的根本要求。

教育的核心参与者都是社会的实际存在者，他们对教育有特定的期待和需求，并将这些期望和需求融入教育实践，努力按自己需求和期望指导和构建教育活动，实现特定的教育价值目标。某种意义上，教育价值是教育主体根据教育目的、任务等做出的理性选择结果总和。因此，每一教育行为都包含教育者对教育价值的追求，这种追求构成教育存在与成长的基础，只有这样，教育的真正价值才能得到充分体现。

在教育历史上，各种教育目标观点可以归结为两个体系：一是以个人为中心，根据个体成长和内在需求设置教育目标；二是社会论，以社会发展和人的全面发展为目标，根据外在需求确定教育目的。两者都有一定的合理性。后者强调从社会进步角度出发，根据外部需求确定教育目标。前者注重个体价值取向的培养，后者侧重外部条件影响，但终极目的都是促

进人的全面自由发展。在实际生活中，这两种目标有时会产生尖锐的矛盾和冲突。

(一)重视个体需求是教育取得成功的基础

1. 重视个体需求是受教育主体及教育者对教育的期望和取得成功的前提和基础

(1)教育以人为本的内部逻辑是人的可发展性

人们总在为生命寻找超越生命本质的意义，以实现自我超越。作为社会历史发展的产物和人类智慧成果的总和，文化对人的生存与发展起着决定性作用。文化塑造了完整的个体，而人类又塑造了具有再生能力的文化。人的精神世界和物质世界都依赖教育。教育的终极目标是最大限度帮助人们表达和实现真实自我，达到幸福状态。从教育人类学角度看，人的可教育性主要体现在可塑性上，这意味着人有激发理性和非理性潜能，达到一定标准并提高到更高层次的能力。从这个意义上，学校可称为一种"场"，教育是"场"中最重要的因素之一。人的学习能力体现为通过多种方式掌握知识技能，以满足日常生活需求。教育与其他社会实践活动一样具有明显的社会性特征，这决定了教育必须具有一定的普遍性。学校教育作为社会主要活动之一，对培养高素质公民起着关键作用。教育作为人类文明进程中的文化现象始终存在，它不仅激发人们追求理想兴趣，也构成人们幸福生活的关键支柱。教育的核心目标之一是辅助人们成为真正的人，并让人们尽可能成为与人性契合的个体。人是一个具有社会性的动物，从出生到死亡都要经历一个漫长而复杂的过程，每个人都有独特的生命历程和体验。一个人的宝贵之处在于不断成长和发展，特别是培养个人内在天赋，通过不断锻炼发挥个人才华，在社会中获得应有的尊重和地位。大学阶段是培养学生主体性的关键时期，在教育活动中，我们特别关注满足大学生的生存需求、角色定位、就业机会、创新精神、自我完善等方面，并以此设定培养目标和活动。因此，高等教育应以学生为中心，构建"以学生为中心"的教育理念和思想基础。

（2）学生是高校存在的基础

人的可教育性和对教育的需求构成教育应以人为中心的内在逻辑。作为高等教育的最高殿堂，高校具有培养"全面发展"人才的特殊功能。学生是大学的主体，没有学生的大学将失去存在依据，没有学生，大学组织也失去合理性。因此，大学是培养和塑造人的场所，如果对学生缺乏价值塑造，大学也难以获得社会支持。因此，地方高校在人才培养方面要关注学生需求，为学生提供匹配的教育服务，并使教育目标与学生及经济社会发展需求紧密相连。

2. 重视个体需求是办学主体实现教育目的的重要依靠

高校不仅要为社会培养合格人才，还要培育德、智、体、美、劳全面发展的新时代大学生。作为地方高校的教育工作者，我们必须以素质教育为指导来制定教学目标、内容和方法。

为实现国家教育目标，我们必须确保学生在教育中的核心地位，坚持人本思想，培养他们的个性和创新能力，这是学校教育的核心理念。教育不能只注重知识技能，还要关注学生的人格培养，使他们得到全面的发展。人的主观愿望与客观现实相关，一定时期内，人们追求的教育目标必然与其所处的时代相适应。目标与实际情况匹配程度越高，实现的可能性就越大。因此，以人为核心，将人视为最终目标，改革传统教育理念和方法，改革过时的课程体系，建立民主、平等、和谐的师生关系，将有助于推动人的创新发展，更好地实现国家教育目标。

（二）促进社会发展是办学主体与受教育者的共同需要

1. 关注社会需求是高校对其教育目标的期待

我国教育目标是培养全方位发展的人才，满足社会主义事业建设者和未来接班人的实际需要。这决定了国家对高等教育的重视程度和发展政策导向。从政治、经济、道德各方面看，政府都有理由合法规范高校发展，提出特定利益诉求。为何教育应以社会需求为核心？因为教育是一种培养人才的社会行为，它在特定社会背景下展开，既要满足社会需求，也不能超越社会需求，这决定了教育的社会属性。学校教育作为一种特殊的社会活动，也必然具有这种特点，努力解决个体成长与社会进步的冲突，帮助学生适应社会，推动他们的社会化。所有教育参与者都只能在现实社会环境中活动，社会为受教育者提供必要的物质和精神条件，他们才能在这种环境中实现成长。同样，教育者也应在这种环境中推动受教育者的发展。教育是一个复杂系统，通过各种途径影响社会发展。教育决策者既需深刻理解社会对教育功能选择的规范作用，又要认识到教育的相对独立性及其对社会的影响，这样才能做出有利于社会发展的决策，避免盲目跟从。教育功能发挥必须以一定物质条件为前提。在选择和实施教育功能过程中，我们既要避免出现脱离社会实际的过高期望，也要避免过分功利化的要求。教育决策者必须树立正确的教育观。我们需要通过教育改革和发展实践为受教育者创造条件，满足其需求，鼓励他们持续产生自我实现欲望，并重视培养受教育者的主观意识，最大限度激发其兴趣和特长，确保他们在教育过程中得到快速成长。

2. 关心社会需求是教育接受者实现自我价值的必要条件

在大多数情况下，社会对教育的期待会逐渐转化为学生对自己的期望和要求。在不同历史时期，由于社会条件和经济发展水平的差异，人们对教育内容也有不同期待。根据马斯洛需求层次理论，人既有被尊重的需求，也有自我实现的需求。尊重是人的本能，为获得尊重，人会主动达到"理想中的他人"的标准，这是社会化的一种表现，因为社会交往可以更好满足需求。每个人都有实现自我价值的需求，学习的初衷不仅是激发智慧，更在于掌握生活技巧，在社会立足。他人的认可和尊重可以带来满足感，激励人去取得成就、创造财富。所以，人往往在不知不觉中寻求他人和社会认同，这种需求反映了自我价值感，即人们对社会期望的内化。

每个人都有归属感需求，人的社会化是一个由被动到主动再到适应社会变化的过程。在教育过程中，受教育者不仅能提高思维能力，也能提高工作技能。教育是人类生存和发展的基本条件，人的成长就是一个不断获得学习成果和自我价值的过程。人并不是孤立的个体，与他人和社会有依赖性，这是与生俱来的。社会需求是推动个体不断实现理想的动力机制。因此，社会需求往往内化为学习者的目标，他们会不自觉地满足社会需求，社会期望也成为学习者的价值取向。

(三) 实现个人与社会的有机融合

构建社会主义和谐社会必须实现人与社会的和谐统一。社会主义和谐社会的核心理念是坚持科学发展观，强调社会以人为本，人与社会紧密联系。人才是和谐社会最关键的因素，而人才培养是教育工作的重中之重。由于对社会与个体关系认识不清，地方高校在确定人才培养目标时长期面临个人价值与社会价值观念之间的冲突。在高等教育大众化时代，社会本位和个人主义成为当代大学生主要的价值观念，这两种价值观争议直接影响着地方高校人才培养的目标定位：过分强调社会因素可能忽略学生个性，影响他们的自主发展；过分强调个性可能忽视学生应遵循的社会规范和应承担的社会责任，影响他们的社会化。许多人认为教育在实现个人成长和社会进步这两大功能时存在明显的矛盾和冲突，不能在教育过程中同时兼顾。事实上，人是一个有复杂社会关系和知识体系的特殊群体，其发展必然受各种关系因素制约。因此，在决定教育功能时，人们不太愿意基于具体历史背景来观察两大功能的动态演变，更倾向于选择它们之间最合适的融合方式。如果将两种功能截然分开考虑，往往会忽略教育协调自身矛盾的需要，导致某一功能被排斥，教育失去应有的价值意义。当过度强调使用某一功能，导致教育发展出现问题时，对另一功能的选择就变得不可避免，也使教育功能选择变得进退维谷。因此，采用科学的思考方式，在选择教育功能时追求两大功能的历史融合和平衡，是教育理论研究的历史使命。

以学生为核心的教育观念强调高等教育的目的是满足学生的个性化发展需求；以社会需求为核心的价值观强调高等教育应服务社会，满足国家在政治、经济、文化等方面的发展需求。两种价值取向各有特点，但在高等教育过程中可以达成一致。在教育过程中，教育者发挥关键领导作用；

受教者作为客体，有接受和改造的能动作用。从这个意义上说，教学活动包含"教"与"学"，教师和学生都发挥主体作用。因此，人才培养要适应社会发展需要，同时应考虑受教育者的特点，这是"人本"思想的内涵。只有实现这两方面的紧密结合，人才培养才能取得最优结果。

强调地方高校培养人才时应重视价值观，并不意味着可以忽视个性的发展。随着时代变迁，传统的教育模式已经难以适应现代社会对人才的需求。在高度信息化的社会里，职业日益细分，社会工作呈现出更多的个性化特点，人们的精神状态、思维深度、道德标准和人文修养都将在工作中得以充分体现，这为地方高校提供了更为广阔的发展空间。从这个角度来看，地方高校在培养人才过程中，应该把社会需求和个体需求紧密结合，以提高学生的全面素质和专业能力。这就要求我们重视发挥学校的育人作用，重视受教育者的主体性地位，尊重他们的个性特点和需求，引导他们主动融入社会生活。只有培养出具有丰富个性的人才，教育对社会的作用才能得到充分发挥；只有具有强烈的主体意识的人，才能对社会进步负起责任和担当历史使命；只有具备创新思维的人，才有可能突破传统思想的束缚，不断发现问题、解决问题，从而形成崭新的创造力。

在人类历史长河中，社会与个人一直存在着相互促进、相互依存的关系。社会为每一个人的成长提供环境和素材，而每一个人的进步也将反过来馈赠社会发展。教育为社会培养出越来越多的优秀人才，而社会也从中获得源源不断的动力。社会对人才的需求是如此巨大，而这些人才同样也需要社会给予他们坚实的支持，两者存在着交集。地方高校为了适应时代发展的要求和经济社会增长的客观实际，就必须培养出既具有过硬综合素质，又符合市场需求的高素质人才，在培养人才过程中，应当将人的成长价值和社会的发展价值结合起来，实现有机的融合。

二、教育规律与社会发展规律：双向互动

教育活动应当遵循教育自身的固有规律，也就是说，教育实践需要根据这些规律来展开。这里所说的教育规律，是指教育活动中本身所蕴含的

那些客观规律，这些规律体现了事物之间内在的联系以及它们发展变化的必然方向，不受人的主观意志影响。教育规律反映了教育活动中各种内部和外部关系的相互影响，表明了教育系统在发展过程中，教育内部各要素之间以及教育与其他事物之间的内在联系，同时也预示着教育发展和变化的必然方向。因此，遵循教育规律是一切教育实践必须坚持的客观原则，只有遵循教育的内在规律，我们才能充分发挥教育推动人的成长和社会进步的巨大作用，最大限度地提高教育质量和效果。

（一）教育的固有规律与社会的发展模式有着紧密的联系

1. 在教育实践过程中，个体与社会之间存在着绝对的相互依赖性，以及相对的独立性

教育作为一种社会活动，其宗旨是以人为中心，以知识为基础，目标是实现人的全面发展。每一次教育的成功实践，都体现了教育在一定层面上对社会规范和个体主体性进行了融合。因此，在教育实践中，个体既要尊重社会的期待和需求，也要培养自身的主动选择意识。一方面，社会的发展与教育的进步有着密不可分的内在联系，教育必须受到社会发展规律的外部制约，这对教育工作的整体过程产生了规范性的影响。另一方面，人的成长与教育的改进也存在着内在的联系，人的成长模式在教育实践活动中起着决定性的作用。从这个意义上说，社会发展规律决定了教育实践的内在属性和外部表现，是教育体系中客观存在的一种内在约束。

2. 教育实践与其他社会实践之间存在广泛的联系，这为教育的产生、实施和运转提供了基础和前提条件

教育的发展与人的成长、教育的进步及社会的发展，存在着错综复杂的关系，既存在对立的一面，也存在互相依存和相互促进的一面，这些关系在教育实践过程中发挥了重要作用。教育不仅是一个将社会需求转化为个人素质的过程，同时也是一个旨在全面挖掘和开发人的各种潜能的个性化过程，它在推动人的发展中具有独特而重要的作用。教育需要与人的身

心发展相适应，也必须与社会进步的规律保持一致。因此，在不同的发展阶段和时期，教育对人的成长所起到的作用也不尽相同。在教育实践中，我们必须努力确保人的成长、教育的发展和社会的进步三者之间的历史性内在联系得到统一。只有这样，教育目标才能得以顺利实现，教育内容才能被合理优化选择，教育方法才能不断得到改进和完善，最终达到促进人的全面而自由发展的目的。

3. 教育与特定的社会关系相联系

不管教育采用何种形式，它都是社会生产力进步的一个明证，同时也反映了社会在政治、经济、文化等各个领域对教育活动的期望和要求。教育必须与特定的社会关系相联系。如果没有社会力量为教育营造必要的现实环境，教育就如同一条失去水源的河流，离开了个人在特定历史条件下的主观需求，教育也会失去其存在的意义。任何一种教育形式，都不可避免地揭示了人的身心成长特点和水平对教育发展的制约作用，同时也反映了个体成长对教育提出的多方面需求。

(二) 教育规律与社会发展规律在育人中的相互关系

1. 人的教育是由社会发展的自然规律所引导的

在教育与个人成长和教育与社会进步的互动过程中，社会发展所固有的规律对教育进步产生了制约作用，并为人的成长确定了标准，这在教育实践中占有核心地位。作为一种实践活动，教育自身也必然具备某种规范性，在任何社会环境下，对人的成长和教育进行规范化都是不可避免且极为重要的，关键在于这种规范化是否符合社会发展的历史方向。

2. 教育的固有规律在很大程度上限定了人才培养的方式

社会对人的成长或教育设定的各种标准，只有在人真正的成长过程和教育实践活动中才能得到实际的实现。人的身心发展与社会规范之间存在着密不可分的内在联系，同时在社会规范逐步内化人的身心品质的过程中，人的身心发展规律也对教育活动产生决定性的影响。这就要求我们不仅要研究教育自身所固有的客观规律，还需要研究人的发展所对应的内在规律，只有这样才能正确理解教育与个人发展之间的关系。因此，教育在引导人的成长过程中，不仅肩负着自身的责任，同时也会受到人的身心发展规律的影响。

3. 教育规律与教育功能的多种选择

教育功能选择的复杂性是由教育两大基本规律自身的复杂性所决定的，在不同的历史时期，由于人们处境和认识上的差异，教育功能的选择通常呈现出多样化的趋势。在选择教育功能时，教育的两大核心原则有可能是一致的，也可能是不一致的，甚至存在冲突和对立。在教育发展的不同历史阶段，两大教育规律会呈现出不同的适应性特征。考虑到我国的国情，如何科学平衡教育的两大核心功能，做出明智抉择，以确保教育在促进人和社会发展方面都能发挥积极作用，是当代中国教育功能理论研究的核心命题。

在选择教育功能时，我们既要认识到两大功能之间可能存在的冲突，也要注意它们之间的内在联系和互补作用，实现两大功能的有机结合和互相促进。我们需要创造适宜的环境，通过合理的选择，将教育在人发展中所发挥的功能转化为其在社会发展中的功能，反之亦然，以真正实现教育功能的优化配置。

三、地方经济与社会经济发展：统筹兼顾

在全球经济一体化的背景下，信息科技飞速进步，导致人才在全球范围内的流动变得越来越频繁。地方高校不仅要服务于地方经济的发展，还需具有国际化的思维方式，摆脱封闭和落后的教育模式，积极适应全球经济一体化的发展需求。

(一) 地方经济与全社会经济的关系

1. 地方经济是全社会经济的一部分

首先，本地经济是整个社会经济体系中的一个有机组成部分，没有本地经济的发展，就很难谈及整个地区或全国经济的发展。其次，在区域经

济一体化的进程中，地方高等教育作为推动地区产业结构调整和升级的重要力量，对促进区域经济的协调可持续发展发挥着不可或缺的作用。地方高校致力于培养各类急需人才，为社会经济的进步提供智力支持，不仅是地方社会发展的"推进器"，也肩负起国家经济建设的重要使命，努力实现其应有的历史责任。

2. 全社会经济包含地方经济

一个国家或地区的经济增长与区域经济之间存在着相互制约与相互促进的关系。本地经济的发展是不可能独立于大的社会经济体系之外的。因此，地方高等教育必须紧密结合本地的特点和需求，服务好当地的社会发展。在当今高度一体化的全球经济背景下，如果地方高校培养的人才仅从基层、内部和外部三个方面进行观察和评价，那么这些人才适应社会全局需求的能力就会受到极大的限制。与此同时，本地经济发展也具有自身的独特性，是一个相对封闭和独立的体系。这种局限性的存在将对本地经济的全球化进程形成制约，限制其发展的空间和速度，并可能对其可持续发展造成负面影响。因此，必须加强对本地高校人才培养工作的研究和实践，以更好地满足本地经济社会发展的需要。

3. 地方经济与全社会经济相互影响

在当前社会背景下，特别是在改革开放的历史进程中，本地经济与整个社会经济共同构成了一个利益共同体。地方政府是这个共同体中的重要成员，它们之间存在着密不可分的联系，相互依存、相互促进、相互支持。

（二）发展地方经济与发展全社会经济的关系

1. 发展地方经济与发展全社会经济是一种包含关系

高等教育与地方经济之间存在着密不可分的关系。如果高等学校培养的人才能够有效推动本地经济的增长，那么这就意味着整个社会经济得到了全面和协调的发展，也符合社会主义市场经济对人才需求的要求。因此，在当前的社会背景下，国家特别强调地方高校应当致力于服务本地经济的发展，为本地经济增长提供所需的人才和智力支持。在这样的背景下，许多地方高校也纷纷提出要"办人民群众满意的教育""办出本地特色的教育"，这些主张和口号都是非常及时和必要的，值得我们大力提倡。可以说，地方高校必须首先服务好本地的经济建设和人民生活。由于本地区是全社会的有机组成部分，当地高校的本地学生相对于外地学生，更有可能充分利用本地资源，促进本地经济的发展。

2. 发展地方经济有利于促进全社会经济的发展

经济活动的本质是人的活动。在当今全球经济高度一体化的背景下，某个地区的经济发展并不是与整个社会经济体系完全隔离的，而是与之存在着密不可分的联系。推动地方经济的发展，不仅有利于带动整个社会经济的进步，还能为社会经济的全面和可持续发展做出应有的贡献。同时，社会经济的整体发展也会对地方经济的增长发挥正向的促进作用，产生良好的示范效应。为实现区域经济社会的可持续发展，我们必须将本地区的资源优势转化为现实的生产力，从而推动本地经济实现快速而又健康的发展。在思考本地经济发展策略时，我们需要考虑全社会的大背景，提升本地经济社会资源的知名度和影响力，以实现更高的经济效益。

(三)促进地方经济与全社会经济的共同发展

地方高校在培养人才时既要考虑当地经济状况，也要关注整个社会经济发展。我们既要推动本地经济增长，也要推动整个社会经济进步。这就需要培养综合素质高、具创新能力的应用型人才，以适应区域经济社会可持续发展。随着我国市场经济体系不断完善，区域间竞争将日趋激烈，人才市场竞争也更加激烈，因此，地方高校在人才培养上需要具备前瞻性思维，与时代发展步调一致。

地方高校所拥有的高质量特色资源，往往能够体现出一个地区独特的优质资源，这些资源本身就具备明显的属性。我国高等教育发展正处于从精英化阶段走向大众化阶段的转型时期，地方高校应该抓住这一重要机遇，以"一带一路"建设为契机，将本地域独特的文化融入人才培养的教育教学之中，以此提升学生的国际化视野和国际竞争力。地方高校可以通过优化课程体系、改进教学设计以及增加实践环节等多种方式，全面提升学生的国际交流和合作的能力，将其独特的高质量自然资源和人文资源推向国际舞台，使其绽放异彩。

第七章 地方数字社会学人才需求现状分析

第一节 我国数字人才需求现状

在当今的数字时代，社会对数字人才的需求呈旺盛态势，数字人才短缺的现状已经成为当前数字化转型过程中的一个普遍问题。据统计，目前数字化人才的供需缺口在 500 万左右，其中高端数字化人才的供需缺口尤为突出。

一、按行业分析

依据《2023 中国数字人才发展报告》，从 2019—2022 年数据来看，数字人才主要集中在 IT/互联网/游戏行业，人才占比 4 年均在 40% 以上。同时人才在各个行业中的占比增幅并不明显，整体比例相对稳定。

从不同企业发布的职位数据来看，IT/互联网/游戏行业招聘数字人才最多，需求最旺盛，但近年来的需求占比有所下降。同时，其他新兴行业如电子/通信/半导体、机械/制造、医疗健康、能源/化工/环保人才需求在逐年增加。

二、按区域分析

数字人才主要集中在华东地区，且近年来呈上升趋势。华北地区对人才的需求有所下降。2022 年对数字人才需求最高的城市是上海，其他新一线城市对人才的需求也在逐年增加。

三、按职能分析

依据职能对人才占比进行分析，我们发现，2019 年运营经理/主管人才最多，其次是产品经理。2022 年，Java 人才占比最高。电气工程师、WEB 前端开发等岗位对人才的需求增多。海外人才占比最多的是产品经理且近年来呈现上升趋势。

四、人才画像分析

数字人才年龄主要集中在 26~35 岁，近四年人才占比均在 60% 以上，在 2019—2022 年流入数字经济的人才同样主要以 26~35 岁为主。30 岁以下流入数字经济的人才占比逐年下降，30 岁以上的人才逐年在增加，近年来，行业对成熟的人才吸纳能力逐渐增加。

人才工龄较分散，其中 6~8 年工龄人才最多，其次是 11~15 年工龄人才。流入的人才 2019 年以 3 年以下工龄为主，占比 31.63%。10 年以上工作年限的人才近几年在逐步增加。

此外，发布数字经济职位的企业以 100~499 人规模企业最多，其次是1 万人以上企业。

五、薪酬情况分析

薪酬方面，10 万~20 万元年薪段人才占比逐渐降低，30 万元以上年薪段人才占比有少许提升。薪酬逐年增加，从实际年薪和期望年薪差值来看，人才对年薪涨幅逐渐趋于理性。上海、北京、深圳等城市 2022 年数字人才年薪均突破 20 万元。

第二节　地方数字社会学人才队伍的现状

近年来，国家高度重视西部地区经济和社会发展，习近平总书记在十九届中央政治局第三十四次集体学习时深刻指出："赋能传统产业转型升级，催生新产业新业态新模式，不断做强做优做大我国数字经济。"国家"十四五"规划纲要也明确提出要"建设智慧城市和数字乡村"。为此，西部地区数字社会学人才的需求日益增加，数字社会学人才应具备数字技术应用、社会研究方法、数据分析等方面的知识和技能，能够利用数字技术进行社会研究，解决社会问题，推动社会发展。目前，数字社会学人才在数字乡村建设中为西部地区发展起到了积极的推动作用，但西部地区仍面临信息设施不足、专业人才匮乏、政策机制不完善、人才培养不力等诸多问题。

一、数字社会学人才队伍整体规模小，分布不合理

相对于发达地区而言，西部地区人才发展受到多方面因素的限制，尤其以数字社会学人才所受限制最多。这类人才整体数量少，在西部地区的分布并不合理，再加上西部地区的资源匮乏等，发展较为滞后，人才晋升平台不足，加剧了这一现象的发生。同时，西部地区对数字社会学人才的培养机制不足，薪资待遇等对人才的吸引力较低，在人才引进方面存在诸多问题。即使各地引入了数字社会学人才，但因为硬件设施等不足，生活工作条件差，人才流失率也比较大。一些人才倾向于到发达地区工作，不愿意长期留在西部地区。

二、数字社会学人才队伍素质有待提升

西部地区的经济发展水平较低，各类信息技术的应用不足，再加上不同人才的年龄、文化程度、工作经验等各异，因此队伍呈现综合素养参差不齐的现状。部分专业人才的年龄较大，专业水平较高，他们的工作经验丰富，在本行业做出了一番成就，但是他们对于新鲜事物的好奇和学习积极性欠缺，在工作中一味吃老本，没有时间去学习数字技术方面的理论和技能，进而使得个人发展受到限制。部分年轻人才的学历较高，理论知识丰富，但是他们的工作经验不足，遇到突发问题应急能力较差。现有的人才培训机制存在诸多漏洞，尤其是缺乏理论结合实践的相关培训方案，这

不仅限制了人才实践经验水平提升,还限制了数字社会学人才队伍整体水平的提升。西部地区数字社会学人才的研究环境和条件相对较差,现有的科研机构等数量不足,对相关项目的研究停留在表面,没有深入开展系列项目活动,未及时将项目成果转换,无法提供一个良好的科研平台和资金支持,加之人才欠缺交流合作的机会,彼此互相学习成效不佳,进而产生诸多问题。

三、数字社会学人才队伍无法满足现实发展需求

数字社会学知识在各个行业得到了广泛应用,该领域涉及的工作内容较多,对人才的需求也较多,但是就现实情况来看,该领域对人才的专业水平要求较高,而人才队伍的规模和增长速度却未能跟上,特别是在电子商务、大数据分析、数字营销等领域,存在明显的人才缺口。现有的人才队伍中,人才综合素养参差不齐,具备高知识和技能的人才相对较少,而具备数字技术、数据科学等交叉学科背景的人才更少。很多优质人才都涌入了发达地区,使得人才队伍的结构出现断层。

四、数字社会学人才队伍成长渠道相对狭窄

时代的不断发展,给予了西部地区数字社会学人才建设更多的机遇,但西部地区为数字社会学人才提供的发展空间尚不够宽广,各地政府部门对数字社会学人才队伍建设的支持力度尚显不足。要积极鼓励更多的人才投身于本地数字社会学事业,鼓励更多的高校老师、机构、专家等携手合作,为本地培养优秀的数字社会学人才。比如,通过线上线下教育资源使更多的人能够通过在线学习获得数字社会学相关的知识和技能,进一步拓宽数字社会学人才队伍的成长渠道。

五、数字社会学人才培养同地方经济社会发展相脱节

在高校的数字社会学人才培养中,部分高校在对社会学专业的改造升级过程中对人才培养的目标不够明确,导致培养出来的人才跟不上本地经

济社会的发展；在课程设置上也不够完善，缺乏交叉学科的课程和实践环节的设置，缺少数字技术及人工智能方面的知识学习，再加上缺乏具备数字技术专业知识和实践经验的师资力量，导致学生缺乏实践经验和解决实际问题的能力。

第三节　地方数字社会学人才培养
面临的困境及原因分析

一、数字社会学人才队伍建设困境

(一)优质人才资源匮乏

受历史、地理及经济等因素影响，西部地区人才储备不足，特别是在数字社会学领域，这一状况使得本地区在数字化转型过程中常感人才短缺。经济发展水平的局限性导致许多人才流向了发达地区或不同行业，使得本地区数字社会学领域人才稀缺进一步加重。虽然加大政策与资金的投入能够吸引数字社会学人才，但受制于各地区竞争激烈及人才引进机制不健全等因素，本地区能够引进的优质人才仍然有限。当前，本地区数字社会学领域人才队伍以传统社会学背景为主，缺乏数字技术和数据分析等跨学科人才，无法满足数字化时代的发展需求。优质人才资源在本地区本身比较缺乏，再加上本地区对这类人才的继续教育机制不足，从而形成了恶性循环，导致人才流失率进一步提高。

(二)自身发展动力不足

在本地区的数字社会学人才队伍中，部分人员没有明确的发展目标，对未来发展方向也没有明确规划，自身发展动力不足。在数字化快速发展的当下，数字社会学领域知识技能更新迭代速度极快。然而，一些人才缺乏一定的主观能动性，在工作中创新意愿不足，不愿意主动面对困难、克服挑战，难以跟上时代的步伐，再加之本地区资源和机会分配上的不足，优秀人才可能因此而无法充分施展才华，人才的展示平台较少，影响力不足，使得数字社会学人才的发展进一步受限。

(三) 人才培训机制不健全

当前数字社会领域的快速发展要求人才培养机制必须与时俱进，但现有的培训内容和方式往往无法满足这一要求。首先，培训课程过于侧重理论，缺乏实践环节，难以满足数字社会学人才对技能提升的实际需求。特别是在西部不发达地区，受限于经济和社会条件，培训资源有限，培训设施不完善、师资不足，进一步影响培训质量。其次，培训内容与实际工作脱节也是一个突出问题。在一些不发达地区，数字人才的培训未能与实际工作紧密结合，使得培训成果在实际应用中的价值大打折扣。这不仅浪费了宝贵的培训资源，也阻碍了人才将所学知识应用于实际工作的机会。最后，一些不发达地区缺少持续的学习和培训机制，导致数字社会学人才的知识和技能不能及时更新，培训内容未能充分考虑人才的个性化需求和职业发展目标，进而影响培训的效果和人才的职业成长。

(四) 管理和服务体系不完善

首先，缺少集中的管理机构以及明确的职责分配，从而造成管理混乱和效率低下，管理活动中信息不透明和沟通障碍也是常见问题，这些因素都对数字社会学人才队伍的构建产生了不利影响。其次，服务体系缺乏。西部地区缺少对人才的培训、咨询、职业规划等一体化服务，使得人才在自身发展时面临更多挑战和限制，导致自身创新能力与实践能力的低下。最后，监督和评估机制的不完善，进一步造成人才队伍构建过程中的偏差、疏漏和资源浪费，削弱了数字社会学人才队伍建设的品质与成效。

二、数字社会学人才队伍建设出现困境的原因

（一）教育薄弱制约人才素质发展

在西部地区，数字社会学人才队伍建设面临着教育层面的多重挑战，这些挑战严重影响了人才的培养质量和发展潜力。首先，教育资源投入有限，且分布不够均衡。其次，教育观念和培训方法的滞后，以及教师队伍的不足，共同导致了教育质量的局限性。这种局限性意味着在接受教育的过程中，人才难以获得全面的知识和技能训练，从而限制了他们的成长潜力和市场竞争力。再次，教育与市场需求之间的不匹配也是一个显著问题。教育机构在课程设计和培训内容上未能充分适应市场变化，使得人才无法满足实际市场需求。在数字化时代，持续教育对于数字社会学人才至关重要，但一些地区缺乏有效的持续教育机制，使得人才的知识和技能更新滞后，难以适应市场的快速变化。最后，教育和科研的融合不足也是人才培养中的一个短板。在一些地区，教育和科研机构之间的合作不够紧密，导致数字社会学人才培养过程中缺乏必要的创新和实践支持。

（二）城乡经济差异加快人才资源流失

城乡经济发展的不均衡导致数字社会学人才从乡村向城市流动，加剧了区域发展的不平衡。这种趋势不仅减少了本地的劳动力，还扩大了城乡的发展差距。本地相对有限的就业机会和较低的薪资水平，难以与城市竞争，留住本地人才。城市化的推进又进一步增加了城市对人才的需求，加大了乡村数字社会学人才流失的速度。

（三）缺乏创新影响人才发展

受到自然条件、历史背景和经济社会发展等因素的制约，西部地区的一些传统观念和保守的思想影响人们对新事物和新技术的接受程度，缺乏创新意识和创新能力，数字素养薄弱，无法适应数字化转型的发展，这些

均影响了数字社会学人才的培养和发展。

(四)政府管理和服务水平制约队伍建设

在西部地区,对数字社会学领域人才的管理和服务存在不足,限制了人才的成长。管理层面,首先是对数字社会学人才建设的关注不足,资金投入有限,缺少人才发展的优良环境。对人才的数量、质量、结构及作用缺乏深入研究,导致人才开发存在盲目性。尽管有政策文件支持,但实际落实不够,常常是口头重视而行动上忽视。其次,现有的人才培养模式存在偏差,重使用而轻培养,虽然对人才创业给予一定支持,却忽视进一步的教育和培训,也缺少对人才的激励机制,导致社会对数字社会学人才的价值和重要性认识不足。此外,还存在对该领域认识不清问题,将技术技能人才等同于数字社会学人才。服务层面,服务组织不健全,服务水平参差不齐。目前数字社会学人才的服务组织主要分为两类:第一类是乡镇人力资源社会保障中心,这些中心人员编制不足,往往仅有1~2人在岗,面对巨大的工作量,服务质量难以保证。第二类是相关机构,虽然人员相对充足,却缺乏现代化的技术推广平台,主要依赖专业人员进村指导,由于指导次数有限,覆盖面狭窄,服务水平也难以保证。再者,这些机构均属于事业编制,待遇较低,晋升机会有限,不利于吸引高层次人才,从而影响了服务质量。

第八章 对地方数字社会学人才培养的建议

我国数字社会工作发展尚处于摸索阶段，适应当地实际的本土化理论和特色方法尚未形成。及时认清和发现地方数字社会学人才培养的发展困境，并有效应对和解决所存在的问题，需要承载我国数字社会工作发展重任的各地方高校和社会各界发挥强大的自主性和能动性，开辟创新性教育路径，为实现数字社会工作人才培养的本土化、特色化贡献良策。

第一节 社会层面的建议

一、转变观念，实现数字化教育转型

西部欠发达地区大多山高谷深，经济文化发展滞后，如今数字技术迭代速度日益加快，地方高校必须着眼长远、提高认识，不断更新本地的教育理念，建立数字化教育体系。一是建议由本地区相关部门牵头，推动教育数字化转型，探索数字社会学人才培养机制。本地数字化教育应抓住机遇，大胆创新，率先探索新理念、新模式和新体系，形成数字社会学人才培养的新体系。二是建议加大政策支持力度，为本地教育配备移动学习终端等设备与资源，夯实本地数字社会学人才培养基础。三是强化本地高校教师队伍建设。建立教师交流学习机制，利用现代信息技术促进线上线下交流学习，提升本地高校教师专业技能。四是建立地方层面的"教育特区"，进行教育转型改革的先导性试验，探索数字社会学人才培养的有效路径，并在取得一定经验的基础上，逐步推进，带动全社会数字教育

转型。

二、完善人才培训机制，建立复合型人才培养渠道

数字社会学人才教育培训资源的优化，涉及培训机构、师资等各方面。首先，要建立一个覆盖本地数字社会学人才开发网络。其次，强化师资队伍的配备。师资队伍既包括职能部门的专业技术人才，也包括培训学校的教师。对于前者，需要加大人才引进力度，完善人才管理制度；对于后者，要严格考核，确保培训质量。培训内容应根据地方产业发展的人才需求来设置，根据不同区域的产业特色，设置相关的培训内容，提高培训的针对性和实用性。总之，以产业发展为导向的培训模式，是解决数字社会学人才培养与产业发展需求之间矛盾的关键。

随着地方经济社会的发展，人才的成长渠道不断增多。地方政府需把握当前形势，拓宽人才培养和培训的途径，以改善人才结构。首先，增加人才引进力度，利用国家政策积极引进高素质的技术人才，以提升整个人才队伍的水平，发挥其示范引领作用。同时，根据国家政策鼓励高校毕业生服务基层，壮大社会服务型人才队伍。其次，加强地方文化传承人才的培养，鼓励人们积极参与相关数字技术的教育和培训，为地方文化的传承打下人才基础。再次，在数字技术使用的过程中，政府应培养复合型人才，并把他们引流到基层社会，这样才能使数字技术发挥出应有的作用。最后，政府可以通过与科技企业合作，建立相应的人员调动交流机制，将企业中的数字技术人才交换到基层，同时基层工作人员也可交换到企业，通过人员互换建立起复合型人才的培养渠道。

三、推进乡村振兴战略，优化人才发展环境

优化地方数字社会学人才的创业生态，需要多角度制定政策，打造一个"大众创业、万众创新"的环境，增强其对创业者的吸引力。首先，为人才提供创业便利，设立专项资金支持本地人才或返乡人才创业，通过融资贷款、贴息、税收优惠等措施，解决创业融资难题；建立创业咨询平台，

整合地方创业项目信息库，提供专家咨询，帮助人才明确创业方向，选准项目。其次，创建创业实践基地，为有意在本地创业的人才提供观摩、实践和交流的机会，解决技术难题，提升创业信心。建立创业风险防控机制，扩大承保范围，发展地方特色保险，降低创业风险，并成立专门信息技术服务部门，提供政策、创业流程、生产技术等方面的指导，解决信息不畅问题。最后，着重宣传创业成功案例，提升公众对创业者的社会价值认可，并利用乡村振兴战略加强本地基础设施建设，提高公共服务能力，缩小城乡差距，吸引人才到本地发展。

第二节　高校层面的建议

一、开办数字社会学本科专业

为适应地方经济社会发展需求，地方高校可开设数字社会学本科专业，为地方经济和基层社会治理服务。数字社会学主要培养学生掌握数字技术的基本理论和方法，掌握民族学、社会学、法学等多学科知识、理论和方法，具备国际视野和国情意识，具备联系中国实际分析和解决问题的能力，具备交叉知识结构、跨文化沟通和自我调适能力，具备服务社会与管理社会的能力等。

二、培养数字社会学学科方向的专业人才

当前，数字技术运用于各行各业中，全方位提升了社会效率与人民的幸福指数。数字技术赋能地方基层社会治理是国家实现社会治理现代化的重要基石，许多基层地区已经取得了一定成效。但数字技术在基层社会的开展还大量缺乏专业人员，数字社会学人才培养成为一个急需解决的问题。在当今社会，数字社会学已经成为一个备受关注的学科方向。高校应顺应时代发展的变化设置数字社会学学科方向，成立数字治理研究中心，推动大数据、人工智能、互联网等新技术在社会学学科实践中的应用，为

数字基层治理研究打造学术交流平台，为国家实现社会治理现代化，为地方的基层社会治理培养更多的高层次的复合型人才。

三、制定数字社会学人才培养目标及人才培养方案

1. 确定数字社会学人才培养目标

培养目标是专业发展的动力和源泉，数字社会学专业教育的培养目标是实施数字社会学专业教育所要思考和明确的首要问题，只有明确教育目标，才能充分发挥其对数字社会学专业教育的导向、激励和评价作用，同时作为数字社会学专业教育的实施主体，我国高校才能在数字化转型的复杂环境下保持和激发更大的主动性和创造力。另外，数字社会学专业教育的目标还要顺应改革的潮流和发展的趋势，保持动态性，与实践相结合，从而为我国现代化建设提供更好的服务和保障。首先，要将铸牢中华民族共同体意识融入专业教育全过程，形成以铸牢中华民族共同体意识为主线的育人格局，探索完善课程教学、专题教育、实践活动等有机衔接、相辅相成的育人体系；积极建设有助于铸牢师生中华民族共同体意识的校园文化，着力呈现各民族共有共享的中华文化符号和形象；充分发挥校园网、微博、微信、广播、电子屏等数字媒介的作用，加大对中国特色民族理论创新成果和中华优秀传统文化的宣传力度，向广大师生全面宣传党的精神谱系，弘扬中华优秀传统文化，凝聚价值共识。其次，培养学生掌握数字技术的基本理论和方法，使学生具备国际视野和国情意识，具备联系中国实际分析和解决问题的能力，具备服务社会与管理社会的能力。

2. 优化人才培养方案

高校应紧扣地方发展需求，主动适应新一轮科技革命和产业变革，依据教育部出台的《普通高等学校本科专业类教学质量国家标准》，修订专业人才培养方案，确定人才培养目标，明确学生掌握民族学、社会学、法学等多学科知识、理论和方法，具备交叉知识结构、跨学科思维和解决综合复杂问题的能力。培养学生掌握数字技术基本理论和方法，为地方乡村振兴和基层社会治理现代化提供复合型创新人才。

四、打造特色鲜明的课程体系，提升课程内涵质量

课程建设是学校教学基本建设的重要内容之一。加强课程建设是有效落实教学计划，提高教学水平和人才培养质量的重要保证。针对地方特色，高校应按社会学学科内在逻辑联系设置课程体系。学生应重点学习数字技术课程，学习社会学学科专业的核心主干课程及交叉模块课程，构建"数字技术+学科专业课程+交叉模块特色课程"的知识体系，突出多学科交叉性和多能力融合性。交叉模块特色课程包括人工智能与法律、大数据与社会治理、田野工作与民族志写作、互联网+民族文化、生态人类学等课程，这些课程将贯穿整个教学培养过程，培养学生的创新思维，提升人才培养的质量。

五、搭建田野研究基地等协同育人跨学科平台

以人才培养目标为牵引，拓展和完善育人平台，高校应发挥多学科优势和企业产业优势，围绕人工智能与政府服务创新、数字政府、数字治理等领域开展科学研究和产学研合作，培养一批人工智能与治理兼修的复合型人才，促进数字政府建设和政府治理能力提升。高校应以地方经济社会发展为人才培养目标，将大数据、人工智能、计算机等专业与法学、社会学、民族学专业交叉整合，培养地方基层社会治理的跨学科复合型人才；以实践育人为抓手，搭建地方高校产教协同育人研究基地，促进校企联合育人的双向对接与配套支持，健全行业协同指导、行业人才供需协调及精准对接、社会第三方人才评价等，通过建立产教协同育人试点、组织实施产教融合人才项目、搭建产教协同合作平台等方式深入推进数字社会学人才培养的达成。

六、提升教师数字化教学能力，改革课堂教学模式

教师的数字化能力和水平是地方高校数字社会学人才培养的关键所在，目前数字技术专业出身的专业教师所占比例不高，难以提供数字技术

方面的专业化指导。因此，为实现数字社会学人才培养目标，地方高校必须加强数字社会学专业的师资队伍建设。一是要开展教师数字教学能力专题培训，培养教师数字教学意识。二是要采用数字教学能力专题课程，培训教师数字教学应用能力。三是搭建教师数字教学能力自主学习平台，促进教师自主积累和不断更新自身的数字教学能力知识，从而提升教师数字教学能力。四是构建教师数字教学能力提升学习共同体，促进数字资源的共享以及教师间的互动，在相互学习和讨论中促进教师数字教学能力的提升。五是开展数字教学实践，促使教师开展数字教学实践体验与反思，促进教师数字教学能力的提升。六是建立教师数字教学能力考核制度，激发其提升数字教学能力的积极性与主动性。除此之外，还要督促教师在课堂教学中利用大数据，人工智能等数字技术手段，改革传统教学模式，进一步提升实务教学的经验和能力。

七、优化数字社会学人才培养评价体系

地方高校教育发展质量取决于人才培养质量，确立科学、合理的人才培养质量评价体系尤为重要。目前在地方高校人才培养评价体系中，存在评价侧重数量，评价侧重知识传授效果，评价碎片化等问题。数字社会学专业人才培养要打破传统人才培养体系下简单的师生交互形式，促进教师、大数据、学生多方参与的教学模式的优化，促使教学评价体系发生变革。基于数字社会学专业人才培养理念和目标，可构建"明确价值引领，强化价值导向；注重创新思维与能力培养，强化创新能力评价；注重系统性、整体性与协同性，强化包容性评价"的人才培养评价体系，实现对人才培养全过程的动态追踪，提高人才培养评价的合理性、科学性和公平性，实现对数字社会学人才培养的个性化、全覆盖、动态性、全方位评价。

案例篇

第九章 数字社会学人才培养案例

第一节 英国爱丁堡大学数字社会学专业介绍

一、爱丁堡大学介绍

爱丁堡大学(The University of Edinburgh)是一所享誉世界的一流综合研究型大学，2014REF 英国大学研究排名中，高居全英第 4 位，仅次于牛津大学、伦敦大学学院和剑桥大学，是英国的超级精英大学。它是唯一的同时身为罗素集团、科英布拉集团以及欧洲研究型大学联盟成员的苏格兰大学。

爱丁堡大学在 2016/2017 年 QS 世界大学排名中位居全球第 19 位；在泰晤士高等教育世界大学排名中位居全球第 24 位，声誉排名居全球第 29 位；在 2016 年维基百科世界大学影响力排名中位居全球第 16 位。

二、爱丁堡大学的数字社会学专业

爱丁堡大学的数字社会学专业是一个新兴的学科，它结合了社会学、社会媒体、社会网络、社会计算和数据科学等多个学科，以探索社会中的数字社会现象。该专业的学生主要学习如何使用数据和技术来研究社会现象，以及如何利用数据和技术来改善社会环境。该专业的课程涵盖社会学、社会媒体、社会网络、社会计算和数据科学等多个学科，以及社会研究方法、社会研究设计、社会研究分析、社会研究评估等课程。此外，学生还将学习如何使用数据和技术来改善社会环境，以及如何利用数据和技术来改善社会政策。

三、起源和背景

数字社会学专业是随着信息时代的到来而兴起的新兴学科，旨在培养掌握数字社会研究和应用的专业人才。在信息爆炸的时代，数字社会学专业应运而生。随着互联网的普及和移动技术的发展，数字社会学专业的重要性逐渐凸显。

数字社会学专业旨在研究人与数字技术之间的互动关系，探讨数字技术对社会生活的影响和价值。数字社会学专业涉及许多领域，包括社交媒体、网络安全、数据分析、虚拟现实等。通过系统学习和研究，数字社会学专业的学生可以掌握数字技术的基本原理和应用方法，具有数字社会研究和应用的创新能力。

数字社会学专业的起源可以追溯到 20 世纪 90 年代初，当时互联网的普及使得人们开始关注数字时代的社会变革。随着数字技术的发展，人们逐渐意识到数字社会学的重要性。因此，各国开始开设相关的数字社会学专业，致力于培养数字社会领域的专业人才。

四、培养目标

爱丁堡大学的数字社会学专业旨在培养具备数字技术应用和社会科学研究能力的专业人才。该专业注重培养学生的跨学科思维和创新意识，使其能够理解和分析数字社会的现象和问题，提供解决方案。

培养目标主要包括：熟练掌握数字技术的基本原理和应用方法；了解数字社会的发展趋势和影响；具备批判性思维和问题解决能力；具备团队合作和跨学科研究的能力；了解数字社会领域的伦理和法律问题，能够进行合规操作。

五、课程设置

爱丁堡大学的数字社会学专业的课程涵盖了数字技术、社会科学和人文学科等多个领域。

学生需要修习的主要课程包括：数字社会研究方法论，介绍数字社会研究的基本方法和技术，培养学生的科研能力；社交媒体与数字化传播，探讨社交媒体的发展和影响，研究数字化传播的模式和方法；网络安全与隐私保护，讲授网络安全和隐私保护的基本概念和方法，培养学生的信息安全意识；数据分析与可视化，介绍数据分析和可视化的技术和工具，培养学生的数据处理和分析能力；虚拟现实与增强现实，研究虚拟现实和增强现实的原理和应用，培养学生的虚拟现实设计和开发能力。

除了专业课程外，学生还可以选择相关的选修课程，进一步拓宽自己的知识面。例如，学生可以选择学习编程、媒体与文化、社会学和心理学等学科的课程。

六、实践环节

爱丁堡大学的数字社会学专业注重实践教学，通过实践环节提供学生与社会实践相结合的机会。实践环节包括实习、项目实践和社区参与等形式。

(1)实习是培养学生实际操作能力的重要环节。学生可以选择在相关企业或机构进行实习，了解实际工作环境，提升自己的技能和经验。

(2)项目实践是培养学生团队合作和问题解决能力的关键环节。学生需要参与实际项目的制定和实施，通过团队合作解决实际问题。

(3)社区参与是培养学生社会责任感和公民意识的重要途径。学生可以参与社区组织的各种活动，为社会发展做出贡献。

七、就业前景

爱丁堡大学的数字社会学专业毕业生在数字化时代有着广阔的就业前景。随着数字技术的不断发展和应用，数字社会学专业人才的市场需求日益增加，数字社会学专业毕业生具备的综合能力使其在各行各业都有很好的就业机会。数字技术的不断创新和应用使得数字社会学专业的学生就业前景更加广阔。学生就业单位主要包括：互联网公司、媒体与传媒机构、信息技术公司、政府和非营利组织等。

总体而言，英国的数字社会学专业在信息化时代的背景下具有良好的发展前景，对我国数字社会学人才培养具有较好的参考价值。

第二节 贵州民族大学数字社会学人才培养创新与实践

贵州民族大学创建于 1951 年 5 月 17 日，隶属贵州省人民政府，是新中国创建最早的民族院校之一，是贵州省重点建设高校，贵州省人民政府和国家民委共建高校，中国政府奖学金来华留学生培养高校。学校拥有一支结构合理、发展趋势良好的师资队伍。现有专任教师 1309 人，其中正高职称人员 198 人，副高职称人员 663 人，具有博士学位人员 600 人，硕士学位人员 580 人，研究生指导教师 754 人。教师队伍中有"百千万人才工程"国家级人选、"万人计划"领军人才、"长江学者奖励计划"青年学者、中国工艺美术大师、享受国务院政府特殊津贴专家、教育部新世纪优秀人才支持计划人选、贵州省省管专家、享受省政府特殊津贴专家、贵州省高校哲学社会科学学术带头人、贵州省高校教学名师等优秀人才近百名。学校学科专业齐全，办学基础不断夯实。学校现有 81 个普通本科专业，10 个一级学科硕士学位授权点，20 个专业硕士学位授权点，1 个服务国家特殊需求博士人才培养项目。有 1 个贵州省国内一流建设学科 I 类学科群，6 个贵州省区域内一流建设学科，4 个国家民委重点学科，12 个省级重点学科(其中 5 个省级特色重点学科)，2 个学科被列入"贵州省普通高等学校理工科学科专业建设强化行动"重点支持学科；12 个国家一流本科专业建设点，22 个省级一流本科专业建设点，9 个省级专业综合改革试点，1 个国家一流本科课程建设点，3 个区域一流课程群。

贵州民族大学社会学院社会学专业始建于 1988 年 6 月，是我国建立的第 11 个社会学本科专业，也是当时我国西部地区唯一的社会学本科专业点。自 1988 年社会学专业建立以来，尤其是进入 21 世纪后，贵州民族大学社会学学科取得了快速发展。2002 年社会学学科被确定为校级重点学科；2003 年设立社会工作专业并开始招生；2006 年获批建立社会学二级学科硕士学位授权点，同年社会学学科被省教育厅批准为省级重点学科；2008 年社会学专业被教育部批准为第三批全国高等学校特色专业建设点；2010 年"民族地区社会学专门人才培养教学团队"被省教育厅批准为省级教学团队；2011 年获批建立社会学一级学科硕士学位授权点；2012 年社会学专业获批建立"服务国家特殊需求博士人才培养项目"博士点，开始招收和培养社会学专业博士研究生，实现了贵州省文科博士招生零的突破；2016 年第四轮学科评估进入 C档；2017 年社会学学科被遴选为贵州省区域一流学科，社会学专业被批准为贵州省一流专业；2019 年社会学专业入选教育部首批"双万计划"国家级一流本科专业建设点；2020 年社会工作专业入选贵州省一流本科专业建设点；2021 年申报的"社会学专业虚拟教研室"通过教育部评审。

高等教育要突破传统人文学科的思维模式，以创新、融合、协同、继承的态度推动传统社会科学的迭代升级，促进多学科的交叉研究和深度融合。社会学专业具有很强的应用性和实践性，在新文科建设中，更需要理论教学与实践相结合，建立适应地方经济发展的学生培养体系。2021 年由张红教授团队申报的"以基层社会治理为导向，面向民族地区的'数字社会学'人才培养创新与实践"项目获首批新文科研究与改革实践项目。项目顺应地方经济社会发展需要，顺应乡村振兴战略，遵循学科发展内在逻辑关系，优化学科结构，协同创新和整合资源，借助数字技术探索民族学、社会学、法学"三位一体两翼"跨学科知识体系的新文科人才培养模式，为基层社会治理现代化提供复合型、高标准人才作好储备。

一、项目主要解决的问题

(一)基层社会治理人才供给不足

随着新技术的突飞猛进，社会需求发生了巨大的变化，区域经济发展的差异化日益显著，导致基层社会治理人才短缺和社会治理主体弱化的现象，如何通过高等教育政治建设引领、中华民族共同体意识培养、民族人才教育反哺、定向就业输出等方式，让基层社会治理人才引得进、留得住是本项目关注的重点。

(二)社会学专业主动适应新一轮科技革命和产业变革的能力还不强

当今科技发展日新月异，互联网、大数据、人工智能、虚拟技术等进入各个学科，如何紧扣地方经济社会发展需求，主动适应新一轮科技革命和产业变革，着力深化专业综合改革，优化专业结构，培养适应地方发展所需的复合型人才，是本项目需解决的问题。

(三)当下基层社会治理一体化体系及治理能力现代化工作与地方适应性不足

地方的社会治理既有全国共性，又有其区域个性，具有民族成分复杂、地理区域位置特殊、文化结构多元、生态环境脆弱等典型特征，如何从高等教育层面出发，培育出更多会当地方言、懂技术理论、有责任担当的人才来共同参与社会建设，为基层群众自治注入新的活力，推进社会治理创新，打造共建共治共享的社会治理格局，从而更好地贯彻落实党的惠民政策、完善民族区域自治制度、推进国家治理体系和治理能力现代化建设，这正是本项目研究的重点。

二、主要思路

学校制定"数字社会学卓越班"培养改革方案，从全校各专业全日制2020级本科生中选拔对跨专业(民族学、社会学、法学)学习具有浓厚兴趣和培养潜质的学生20人组班，通过双重选拔，合格的卓越班学生将统一转至"数字社会学卓越班"学习，每学年考核，实行弹性学制。该卓越班挂靠在社会学院，由新文科"数字社会学卓越班"领导小组独立管理。领导小组修订人才培养方案，重组课程体系，改革教学方式，借助数字技术探索民族学、社会学、法学三位一体的新文科培养机制，为基层社会治理现代化提供复合型、高标准人才储备(图9-1)。

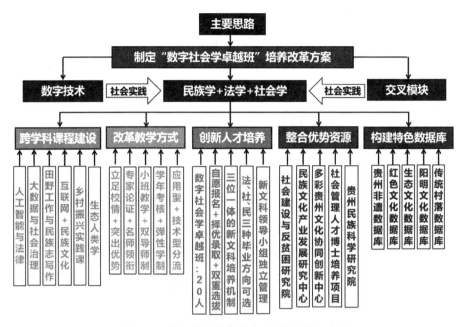

图 9-1 "数字社会学卓越班"培养改革方案图

三、具体举措

(一) 修订人才培养方案

学校紧扣地区发展需求，主动适应新一轮科技革命和产业变革，依据教育部出台的《普通高等学校本科专业类教学质量国家标准》，修订专业人才培养方案，确定人才培养目标，明确学生掌握民族学、社会学、法学等多学科知识、理论和方法，具备跨学科思维和解决综合复杂问题的能力；培养学生掌握数字技术基本理论和方法，为地方乡村振兴和基层社会治理现代化提供复合型创新人才。

（1）培养目标：落实立德树人根本任务，将价值塑造、知识传授和能力培养融为一体，坚持以马克思主义为指导，培养学生具有坚定正确的政治方向，拥护党和国家的方针政策。培养学生掌握数字技术的基本理论和方法，掌握民族学、社会学、法学等多学科知识，具备国际视野和国情意识，具备联系中国实际分析和解决问题的能力，具备跨文化沟通和自我调适能力，具备服务社会与管理社会的能力，为地方经济社会发展提供德、智、体、美、劳全面发展，具有数字素养、人文精神、科学精神、民族团结精神、社会责任和创新创业意识的复合型"拔尖"人才。

（2）培养规格：学制四年，授予法学学士学位。

（3）知识要求：熟练掌握专业的基础理论、基础知识与基础方法，具有人文社会学、自然科学和数字技术的相关理论、知识和方法。

（4）能力要求：具有良好的语言交流与写作能力，较熟练运用1门外语听、说、读、写，以及熟练使用计算机、应用信息技术的能力；具有良好的数字素养、人文素养和科学素养，具有较强的自主学习专业知识以及信息检索与处理的能力；具有独立开展调查，提炼、分析实地获得的文本、语音、视频等资料，以及撰写专业调查报告的能力；掌握专业的文献检索、整理与分析方法，并具有跟踪和分析国内外研究动态，发现理论与现实问题，以及撰写符合学术规范的科研成果的能力；具有运用专业知识进行独立思考，就理论问题提出新见解、新观点，以及就现实问题提出新对策的探索性创新能力；具有运用专业知识解决实际问题，为党政机关、社会团体、企事业单位等组织提供专业化服务的能力；具有良好的协调、组织、团队合作以及跨文化沟通的能力；熟练掌握一门计算机程序语言，具有利用计算机程序对社会学知识进行获取、分析、存储、集成和展示的能力。

（5）素质要求：具有科学的世界观和人生观；具有遵纪守法、敬业爱岗、热爱劳动、艰苦奋斗、团结合作的品质；具有扎实的专业理论与实践能力、健全的心理素质和良好的身体素质。

（6）课程体系设置：新文科"数字社会学卓越班"课程体系设置包括通识类必修、通识类选修、专业类必修、专业类选修、集中实践教学5个环节。

①通识类必修：教育部及省教育厅要求开设的必修课程，包括思想政治理论课、贵州省情、军事理论与训练、大学语文、大学英语、大学体育、大学生心理健康教育、大学生职业发展与就业指导等。

②通识类选修：通识类选修课以培养实验班学生基本素质为目标，包括数字人文、中国历史、逻辑学、经济学原理、管理学概论、高等数学等。

③专业类必修：专业类必修课主要依据教育部《普通高等学校本科专业类教学质量国家标准》对专业核心课程的要求而设置，着重培养学生在数字社会学等相关领域中必备的核心知识与核心能力（表9-1）：

表 9-1　专业类必修课程

课程体系		课程名称
数字技术		数字基础、数字方法、数字艺术、计算机应用、程序设计、大数据理论与方法、知识可视化
专业课程	民族学	民族学概论、民族学与人类学经典导读、中国民族志、世界民族志、中国民族史、民族理论与民族政策
	社会学	社会学概论、人类学概论、民俗学概论、社会工作概论、社会研究方法
	法学	法理学、宪法学、刑法、民法、刑事诉讼法、民事诉讼法、行政法与行政诉讼法、国际法
交叉模块课程		数字社会学导论、社会统计学、法律社会学、民族社会学、文化人类学、民族经济学、田野工作与民族志写作

④专业类选修：专业类选修课主要依据各专业特点及经济社会发展需求，结合新文科"数字社会学卓越班"的办学特色而设置，学生可根据学习兴趣进行选修（表9-2）：

表 9-2　专业类选修课程

课程体系		课 程 名 称
数字技术		人工智能、虚拟仿真技术、数据分析与统计软件应用、信息管理、数字媒体、数据库
专业课程	民族学	文化遗产与保护、族群理论与族群关系、跨境民族与边疆、民族与宗教事务管理
	社会学	国外社会学理论、中国社会思想史、西方社会思想史、中国民俗史、人类行为与社会环境、社会政策、社会分层与社会流动
	法学	中国法制史、法律职业伦理、经济法、知识产权法、商法、环境资源法、劳动与社会保障法
交叉模块课程		大数据与社会治理、生态人类学、互联网+民族文化、民族习惯法、人工智能与法律

（7）学时及学分分布，详情见表 9-3。

表 9-3　学时及学分分布表

课程类别		课程性质		学分	所占比例	备注
通识课		必修	理论	27	19%	
			实践	14	9.9%	
		选修	理论	10	7%	
			实践	0	0%	
专业课	专业必修课	必修	理论	33	23.2%	
			实践	11	7.7%	
	专业选修课	选修	理论	19	13.4%	
			实践	5	3.5%	
集中实践教学		必修	理论	0	0%	
			实践	23	16.2%	
毕业学分				142	100%	

主要环节比例：毕业总学分 142 分，实践环节学分 53 分，占总学分的 37.3%；理论环节学分 89 分，占总学分的 62.7%；最低选修课程 34 学分，占总学分的 23.9%；必修课程学分 108 分，占总学分的 76.1%。

(二)构建"三位一体两翼"跨学科知识体系

整合校内优质教学资源,深度融合民族学、社会学、法学三个专业,按学科内在逻辑联系设置课程。学生重点学习数字技术课程,民族学、社会学、法学专业核心主干课程,交叉模块课程,构建数字技术+(民族学、社会学、法学)+交叉模块课程"三位一体两翼"知识体系。特色课程人工智能与法律、大数据与社会治理、田野工作与民族志写作、互联网+民族文化、生态人类学贯穿整个教学培养过程。

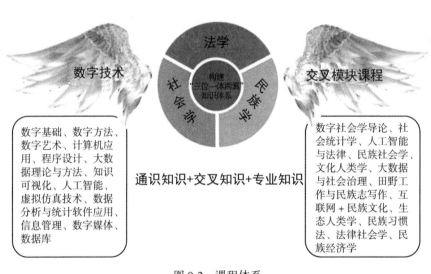

图 9-2　课程体系

(三)创新"三化"人才培养环境

通过教学过程的数字技术融入、第二课堂的广泛开展、实践教学基地的不断协同,构建全社会育人的人才培养环境。

(1)数字化。在教学过程中将数字技术深度应用于核心课程学习、课堂教学、项目训练、田野调查及资源建设中,实现学习过程的数字化、课堂教学的数字化、实践教学的数字化、项目训练的数字化、教学资源的数字化、师生交流方式的数字化，提升学生的科学思维能力、自主学习能力和运用数字技术解决问题的能力。开设 17 门必修、选修数字化课程，完成 14 件数字化作品，5 门课程实现线上线下教学。

（2）能力化。根据人才培养方案，构建创新实践育人体系，培养学生具备国情意识、联系中国实际分析和解决问题的能力。一是坚持以应用型人才培养为目标，大幅度提升实践教学课程和学时比例，实践课程和理论课程的实践学时设置，占总学时的比例达到 35% 以上。二是充分发挥第二课堂实践育人机制。通过举办学术年会、名家讲堂、三下乡活动等第二课堂，夯实学生专业知识，提高服务社会的能力。三是由导师指导学生参加创新创业大赛、学科竞赛、撰写学术会议论文等活动，提高学生自主学习能力和团队合作解决问题能力。

（3）基层化。通过挖掘本地区丰富的传统文化、乡土资源及基层社会治理现状，开展广泛的合作共建，将人才培养由单一的教学区延伸到本地区的村野地头，为学生提供更多的训练、交流及了解中国农村现状的机会。一是积极挖掘社会调查实践育人功能。学生通过深入当地乡镇开展社会治理调查，了解社会治理现实状况，既锻炼学生调查研究能力，又能以问题为导向提出相关解决策略。2022 年 8 月，由导师四人带领卓越班学生到目前最大的苗寨西江千户苗寨开展为期一个星期的实践调研活动，形成 14 篇论文和 2 篇调研报告。二是深度发挥当地政府、企业及苗寨的协同育人作用，协同学校国家新农科项目团队，共同建立科研教学实践基地。在人才培养方面开展广泛合作，让学生把论文写在乡村田野上。建立西江千户苗寨、雷山县白岩村等实践教学基地 5 个。开展调研活动 5 场。

（四）强化实践教学环节，培养学生综合能力

学校以基层治理问题为导向，以培养数字社会学人才为目标，大力提高学生综合素质及解决复杂问题的能力，强化实践性教学环节，实践教学学时不低于总学时的 35%。

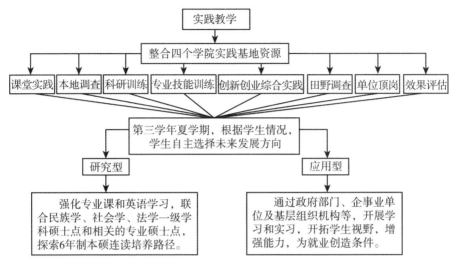

图 9-3 实践教学开展情况

(五)"小班教学+多导师制"

构建校内、校外的多元师资队伍，授课教师从全校范围内选拔，每位学生根据个人兴趣接受相关导师指导，制订学习计划和职业发展规划，参与导师课题或项目，在导师指导下开展调研或教学实践活动，撰写调研报告，发表论文等。导学关系灵活化，注重因材施教，个性化培养。

(六)改革管理体制机制

实行学校直管的管理体制，校级层面成立"数字社会学卓越班"建设领导小组，成员由校领导、教务处及学院负责人组成。教务处负责教学与学生的宏观管理，主要对学生选拔、教师聘任、培养方案、经费投入等重要问题进行研讨审定，监督、考核卓越班的教学和学生管理工作。学院配备专职辅导员。

四、工作成效

通过两年多的项目实施，项目取得了诸多成效，主要有：教师团队发表论文 5 篇、出版专著 2 部、主持校级以上教学改革项目 2 项，获省级教学成果奖 2 项、省级教师教学创新大赛二等奖 1 项、省级"金课" 2 门、省级优秀劳动教育基地 1 个、省级优秀劳动教育案例 1 个。学生获校级以上创新创业大赛二等奖、三等奖各一次，学生撰写论文 14 篇、调研报告 8 篇。该项目还协同学校"国家新农科"项目组在西江千户苗寨建立教学实践基地 1 个，确保了新文科项目的实施，并先后和深圳技术大学、贵州财经大学、桂林理工大学、中国传媒大学、贵州民族大学等高校师生举行各种乡村振兴实践交流活动及文化传承培训和社会服务活动，培养各级各类乡土人才。

参 考 文 献

[1][澳]狄波拉·勒普顿. 数字社会学[M]. 王明玉，译. 上海：上海人民出版社，2022.

[2]张立. 走进数字社会[M]. 北京：国家行政学院出版社，2023.

[3][瑞典]西蒙·林德格伦. 数字媒体与社会[M]. 王蕾，译. 北京：中国传媒大学出版社，2022.

[4]郑春荣. 社会学视角下的数字化进程[M]. 上海：同济大学出版社，2019.

[5]钟华. 数字化转型的道与术[M]. 北京：机械工业出版社，2020.

[6]王世忠. 多元与和谐——民族院校人才培养模式的战略选择[M]. 武汉：华中师范大学出版社，2017.

[7]何生海. 民族地区社会和谐与社工服务提升研究[M]. 北京：民族出版社，2020.

[8]文军，刘雨婷. "技术解围"：不确定性视角下数字社会学研究的方法论反思及其变革[J]. 社会学研究，2023（2）：22-33.

[9]吴彬. 数字社会学的缘起及发展——社会研究的一种新视角[J]. 杭州电子科技大学学报（社会科学版），2022，18（1）：42-48.

[10]赵一璋，王明玉. 数字社会学：国际视野下的源起、发展与展望[J]. 社会学研究，2023，38（2）：26-48.

[11]冉华. 修改常识成新知：数字时代新闻社会学的理论检视与内涵重订[J]. 内蒙古社会学，2022，43（6）：163-170.

[12]何祎金. 解锁技术嵌入的社会性与数字麻烦——大数据时代的社

会学想象力[J].社会学评论,2021,9(6):156-174.

[13]刘舜,刘猛.基于空间社会学视角的元宇宙数字劳动形态透视[J].劳动哲学研究,2022(3):303-315.

[14]周建新,谭富强.数字人文知识生产的属性和分析框架——基于曼海姆知识社会学的考察[J].江海学刊,2020(5):130-135.

[15]高娟.新文科建设背景下农村社会学数字化课程建设研究[J].E动时尚,2023(4):133-135.

[16]何可欣.数字反哺:社会学习理论视角下银发群体的学习困境[J].东南传播,2021(10):127-130.

[17]徐祥运,岳宗旭.数字技术社会化进程中的民族交往交流交融研究——一个空间社会学的视角[J].黑龙江民族丛刊,2022(3):24-30.

[18]邱泽奇.数字社会与计算社会学的演进[J].江苏社会学,2022(1):74-83.

[19]白红义.迈向数字时代的新闻社会学:新"客体"与"新"理论[J].新闻界,2021(4):4-12.

[20]李欢.数字人文与人工智能融合应用引发的社会学思考[J].互联网天地,2020(11):18-23.

[21]田富.乡村振兴背景下渝东南民族地区人才振兴问题研究[J].广西城镇建设,2021(8):44-46.

[22]方龄萱.西部少数民族地区人才激励机制存在问题及策略研究[J].甘肃广播电视大学学报,2020,30(6):54-59.

[23]杨雪峰.以需要层次理论浅析民族地区人才队伍建设研究[J].科教导刊(电子版),2019(2):41,47.

[24]张海颖.乡村振兴背景下民族地区人才需求与高层次人才培养的非均衡研究[J].区域治理,2021(38):24-26,30.

[25]王彩云.边疆少数民族地区人才流失问题研究[J].人力资源,2020(22):122-123.

[26]刘慧,张鹏程.卓越法治人才培养视域下民族地区大学生法学教

育研究[J]. 中国军转民, 2023(10): 82-83.

[27]张军成. 困境与突破: 西北民族地区本土人才推动乡村振兴研究——基于 G 省 T 县的实践调查[J]. 兰州学刊, 2022(7): 119-130.

[28]徐哲俊, 刘子健. 民族地区高校经济管理类人才培养模式创新与实践[J]. 延边大学学报(社会科学版), 2023, 56(5): 95-102.

[29]丰智超. 新时代民族地区社科人才队伍建设的困境与思考[J]. 山西经济管理干部学院学报, 2023, 31(1): 9-12.

[30]柳春波, 李文玉. 基于智慧教学平台的分层教学研究——以新文科教学实践探索为例[J]. 创新创业理论研究与实践, 2022, 5(16): 40-42.

[31]谭谦. 高校新文科教学服务优化探索[J]. 文渊(中学版), 2021(12): 395-396.

[32]李勃昕, 张磊, 周延杰. 新文科教学中科学认知图谱的数智化应用[J]. 科教导刊(电子版), 2023(18): 4-6.

[33]姜晓萍, 张伟科. 新文科理念下高校教学质量评价体系构建研究[J]. 中国大学教学, 2023(10): 75-81.

[34]吴振磊, 高原. 新文科建设背景下经管实验教学虚拟教研室建设路径构建[J]. 中国大学教学, 2023(11): 10-14.

[35]涂俊, 刘帅, 冯欢. 新文科 GEPC 实验实践教学模式构建[J]. 中国大学教学, 2023(6): 37-47.

[36]陈沛. 解构与重构: "新文科"视域下跨学科课程教学的创新理念与实践探索[J]. 黑龙江高教研究, 2023, 41(1): 156-160.

[37]吕丽娜. 皮亚杰建构理论对新文科教学的启示[J]. 大学, 2023(11): 1-4.

[38]廖思佳, 熊翊君, 张涵清. 新文科背景下超学科知识融合的外语教学模式探索[J]. 教师博览, 2023(24): 17-19.

[39]马柳颖. 新文科视域下地方高校一流法学专业建设路径探索[J]. 高教学刊, 2023, 9(32): 22-25.

［40］张晓云. 新文科背景下地方高校法学教育质量提升路径研究［J］.
延边教育学院学报，2023，37（3）：18-22.

［41］张奇，陈楠楠. 新文科背景下法学专业人才创新实践能力培养探
究［J］. 西部素质教育，2023，9（21）：76-80.

［42］刘永红，等. 新文科背景下法学教育的反思、挑战与应对［J］. 四
川文理学院学报，2023，33（6）：141-147.

［43］段陆平. 新文科建设背景下法学专业创新创业教育变革的思
考［J］. 法学教育研究，2023，40（1）：158-171.

［44］步洋洋. 新文科背景下证据法学课程的范式革新［J］. 法学教育研
究，2023，41（2）：249-274.

［45］穆伯祥. 新文科背景下应用型高校法学学科专业建设的障碍与突
破［J］. 中国军转民，2023（6）：8-9.

［46］张福刚，袁晓然玉. 新文科背景下高校法学课程思政教学的实现
路径［J］. 晋中学院学报，2023，40（1）：89-94.

［47］游成婧. 新文科背景下法学教育中"设计思维"的培养［J］. 当代
教研论丛，2023，9（3）：47-51.

［48］杜辉. 迈向新文科的法学教育范式三重定向［J］. 法学教育研究，
2023，41（2）：41-62.

［49］陈海嵩，郑玉芝. 新文科建设背景下法学实验室建设的若干思
考［J］. 法学教育研究，2023，41（2）：275-290.

［50］屈志一. 新文科理念下法学专业协同育人策略分析［J］. 太原城市
职业技术学院学报，2023（7）：56-58.

［51］危红波. 数字社会的法学教育因应——基于新文科建设视角的理
论考察［J］. 华东政法大学学报，2022，25（3）：169-176.

［52］项焱. 新文科背景下法学实验教学的改革与创新——以信息化法
学实验室建设为例［J］. 法学教育研究，2022，37（2）：297-309.

［53］王楠楠. 数字经济背景下电商人才培养研究［J］. 商场现代化，
2024（1）：42-44.

［54］顾兴树，吕洪楼. 数字技术赋能民族地区乡村产业现代化：机理、

困境与实践路径[J]. 农业经济，2023(12)：7-10.

[55]李辉，崔真. 主要发达经济体数字人才建设基本动向及经验启示[J]. 中国物价，2023(12)：64-67.

[56]王晶，宋殿辉，王威，等. 吉林省数字人才集聚与地区经济发展的耦合关系研究[J]. 中国商论，2023(22)：141-144.

[57]王宏方，王丽雯. 澳大利亚 CIU 数字人才培养模式特征及启示[J]. 教育家，2023(45)：24-25.

[58]潘小楼. 民族地区数字创意人才培养模式创新与实践——以广西职业技术学院为例[J]. 传播与版权，2022(6)：109-111.

[59]王晶. 内蒙古民族大学数字媒体技术专业人才培养方案改革研究[J]. 中国校外教育，2019(34)：83-84.

[60]徐旭初，徐之倡，吴彬. 从社会创新到数字社会创新：国际实践、基本特征与经验启示[J]. 中国科技论坛，2023(12)：168-177.

[61]向静林，艾云. 数字社会发展与中国政府建设新模式[J]. 中国社会学，2023(11)：4-23，204.

[62]刘松庭，李鸿. 数字社会工作伦理实践的风险防范与化解[J]. 长春师范大学学报，2023，42(11)：10-13.

[63]潘斌. 数字社会的抽象统治及其超越路径：基于马克思政治经济学批判的视域[J]. 南京师大学报(社会科学版)，2023(5)：69-78.

[64]李正风，张徐姗. 走向"数字社会"进程中的科学普及[J]. 科普研究，2023，18 (4)：8-17，106.

[65]孟庆国，郭媛媛，吴金鹏. 数字社会建设的概念内涵、重点领域和创新方向[J]. 社会建设，2023(4)：22-31.

[66]李振东，陈劲，王伟楠. 国家数字化发展战略路径、理论框架与逻辑探析[J]. 科研管理，2023，44 (7)：1-10.

[67]王轩. 数字社会建设：价值变革、建设风险及其应对[J]. 理论探索，2023(4)：46-52.

[68]张润宇. 数字社会变革下社会建设数字化的风险样态与边界规制[J]. 韩山师范学院学报，2023，44(3)：66-72.

[69]周海晏.元游戏：元宇宙语境下数字社会的调节[J].新闻与写作，2023(6)：75-82.

[70]蔡雨耘.数字社会：开辟智慧便民新路径[J].当代党员，2023(9)：27-28.

[71]裴炜.共建共治共享理念下数字社会建设的多主体协同[J].数字法治，2023(2)：17-23.

[72]黄钰婷，谢思娴，徐青山，等.数字社会建设的理论逻辑与创新实践模式[J].社会建设，2023(2)：40-48.

[73]杜敏，李泉.当代西方数字社会主义的理论探索[J].国外社会学前沿，2023(1)：45-52.

[74]王腾.数字时代的环境社会建设：转型逻辑与挑战应对[J].理论月刊，2022，(11)：119-129.

[75]步凌燕.数字社会法治转型的方法论应对——基于法外因素视角的分析[J].甘肃开放大学学报，2022，32(5)：59-62，67.

[76]刘杰.国内先进城市数字社会建设的做法经验及其对广州的启示[J].探求，2022(5)：113-120.

[77]李海良.新文科发展之路：传承、融通与嬗变[J].北京教育(高教)，2021(5)：37-41.

[78]何诗霏.中国数字人才回流趋势明显[N].国际商报，2023-12-12(004).

[79]牛婧文.天津经开区打造数字人才"智"高地[N].滨城时报，2023-12-07(002).

[80]李铎.让数字经济与技能人才培养"双向赋能"[N].中国劳动保障报，2023-12-06(003).

[81]刘越.推动数字社会建设高质量发展[N].中国社会学报，2023-04-24(002).

[82]岑朝阳.数字社会战略：理论渊源、价值意蕴与实践进路[D].浙江理工大学，2023.